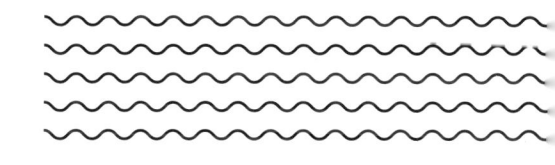

# 投资护城河

## 如何挑选绩优股

［美］帕特·多尔西（Pat Dorsey） 著

彭相珍 译

THE LITTLE BOOK THAT
BUILDS WEALTH

The Knockout Formula for Finding Great Investments

中信出版集团 | 北京

图书在版编目（CIP）数据

投资护城河 /（美）帕特·多尔西著；彭相珍译.
北京：中信出版社，2025.1 -- ISBN 978-7-5217
-6967-8

Ⅰ.F830.91
中国国家版本馆 CIP 数据核字 20248CP745 号

The Little Book That Builds Wealth: The Knockout Formula for Finding Great Investments by Pat Dorsey
ISBN 978-0-470-22651-3
Copyright © 2008 by Morningstar, Inc.
All rights reserved.
Authorized translation from the English language edition published by John Wiley & Sons Limited.
Responsibility for the accuracy of the translation rests solely with China CITIC Press Corporation and is not the responsibility of John & Sons Limited.
No part of this book may be reproduced in any form without the written permission of the original copyright holder, John Wiley & Sons Limited.
Copies of this book sold without a Wiley sticker on the cover are unauthorized and illegal.
Simplified Chinese translation copyright © 2024 by CITIC Press Corporation.
ALL RIGHTS RESERVED
本书仅限中国大陆地区发行销售

投资护城河
著者：　　[美] 帕特·多尔西
译者：　　彭相珍
出版发行：中信出版集团股份有限公司
　　　　　（北京市朝阳区东三环北路 27 号嘉铭中心　邮编　100020）
承印者：　北京通州皇家印刷厂

开本：880mm×1230mm 1/32　　印张：7.5　　字数：127 千字
版次：2025 年 1 月第 1 版　　　　印次：2025 年 1 月第 1 次印刷
京权图字：01-2024-5013　　　　　书号：ISBN 978-7-5217-6967-8
　　　　　　　　　　　　　　　　定价：69.00 元

版权所有·侵权必究
如有印刷、装订问题，本公司负责调换。
服务热线：400-600-8099
投稿邮箱：author@citicpub.com

# 目录

推荐序一 / I

推荐序二 / VII

序 / XV

引言 寻找护城河的路线图 / XXI

## 第1章 经济护城河 / 001
如何利用经济护城河挑选绩优股

## 第2章 真假护城河 / 011
不要被虚幻的竞争优势蒙骗

## 第3章 无形资产 / 025
看不见、摸不着的无价之宝

## 第 4 章　转换成本　/　041
撬不走的客户才是挖不尽的金矿

## 第 5 章　网络效应　/　055
强大到不可忽视

## 第 6 章　成本优势　/　073
流程优化、区位优势、独家资源

## 第 7 章　规模优势　/　089
规模越大越好，前提是找准方向

## 第 8 章　消失的护城河　/　101
优势一旦失去，往往一蹶不振

## 第 9 章　寻找护城河　/　115
投资的世界很复杂

第 10 章　不要迷信天才掌舵人　/　133
企业管理没有你想象的那么重要

第 11 章　实践出真知　/　143
五个竞争性分析实例

第 12 章　经济护城河到底价值几何？　/　161
再好的公司，花太多钱买进也有损投资组合

第 13 章　估值工具　/　173
如何找到廉价的绩优股

第 14 章　何时出售　/　189
理性抛售带来更多收益

结语　投资不仅仅是数字游戏　/　199
致谢　/　202

# 推荐序一

从股市中获利的方法千千万,但只有少数能经得起时间的考验。

价值投资是海外市场普遍接受的理念,也被证明是一种可靠的长期投资方式。然而,在过去的几十年里,价值投资在中国的有效性却一直饱受争议。

我们不得不承认的是,价值投资并非万能,它确实需要合适的时间、条件和环境。

回顾中国资本市场的发展历程,在20世纪90年代中国资本市场的初期,技术分析主导了投资者的思维方式。当时,投资者更多地将股票视为符号，通过技术图形判断买卖点。这一阶段的市场以投机和短期交易为主，真正关注长期价值的投资者并不多见。

21 世纪初期，尤其是中国加入 WTO 后，中国经济迎来快速发展的阶段，资本市场随之快速增长。彼时，大多数投资者将目光聚焦在宏观经济和周期趋势上，对个股的竞争优势和长期价值没有足够的关注。

转折点出现在 2015 年股市崩盘后。市场的剧烈波动让许多投资者开始意识到，单靠宏观分析和套利策略难以应对持续变化的市场环境。越来越多的人开始关注企业的长期价值，并逐渐接受价值投资的理念。同时，随着金融对外开放的加速，外资的进入不仅为市场注入流动性，还为国内投资者带来了更成熟的投资方法论，将长期投资的观念进一步推向主流。

在过去的二三十年间，中国资本市场经历了一场深刻的蜕变，各方都在努力为 A 股培养一片更加适合价值投资的土壤。

尽管市场环境在不断优化，但投资者想要获得长期的投资成功并非易事。

在过去的几年中，我们经历了市场的涨跌起伏，也见证了全球经济和政治不确定性对资本市场的冲击。现如今，"风口来了谁都能赚钱"的时代已然过去。在这个更加复杂的市场中，那些能够在激烈竞争中脱颖而出的公司才是投资者实现长期成功的关键。

问题是，如何识别这些能够持续创造价值的公司？

在晨星的股票研究体系中，所有分析师的研究起点都是个股的基本面和公司的质地。质地即公司的"经济护城河"，"经济护城河"是我们从股票投资传奇巴菲特那里借用的一个词语。过去守卫城池最好的方法就是在城堡周围挖一条护城河，这让城堡很难被敌人攻击。晨星全球有超过120位股票分析师，对企业的经济护城河的研究是他们日常的核心工作，其研究覆盖了超过1 400家公司。

帕特·多尔西的《投资护城河》就是对晨星股票分析方法的全面阐释，也是一本很好的股票定性研究的入门读物。

如果说迈克尔·波特的《竞争优势》是第一本明确阐述"管理"竞争优势的书，那么《投资护城河》就是第一本把"股票投资"竞争优势讲得最为透彻的书。

在这本书中，帕特·多尔西以晨星股票分析的核心方法为框架，深入浅出地讲解了护城河的概念，并结合大量经典案例，展示了如何通过护城河理论识别优质公司。从拥有强大无形资产（品牌）的可口可乐，到借助网络效应建立优势的微软，这些案例为读者提供了清晰的分析模板。更重要的是，作者不仅给出了寻找护城河的方法，还探讨了如何判断护城河的宽度和持久性。

可以说，《投资护城河》为当代投资者提供了一个全新、可靠的投资视角。

在 40 年前，晨星成立的初衷是为投资者提供全面、独立的市场信息，帮助他们做出更明智的投资决策。而如今，信息的稀缺已不再是问题，信息的过载才是投资者面临的最大挑战。各种社交媒体和短视频平台，以前所未有的速度传播市场资讯、热点话题，甚至是形形色色的投资建议。这种信息的快速传播不仅加剧了市场波动，也使许多投资者更加情绪化，更容易掉入盲目追逐短期热点的陷阱，从而偏离自己的长期投资目标。

投资的世界从来不缺噪声，但真正的智慧来自对本质的关注。在过去的 40 年里，晨星见证了全球资本市场的风云变幻。每年都有新的投资机会涌现，不同的投资范式也在周期中此起彼伏。然而，这四十年中始终未变的，是市场杂音对投资决策构成的挑战和干扰，以及投资者实现长期投资成功所需的坚韧和耐心。阅读《投资护城河》的意义正在于此——帮助我们重新校准视角，将注意力集中在投资中真正重要的事情上，避免因短期波动而迷失方向。

从 A 股市场的早期技术分析热潮，到基本面研究逐渐普及，再到现在价值投资理念的深入人心，"经济护城河"的理论越发契合当下中国市场的投资环境。对于希望实现长期回报的投资者来说，这是一个值得借鉴的投资框架。

投资从来都不是一场短跑，而是一场马拉松。无论你是刚踏入股市的新手，还是有一定经验的老手，这本书都能为你带来重要的启发。希望每一位读者都能通过这本书掌握护城河的分析方法，在跌宕起伏的市场中找到自己的投资方向，构建属于自己的投资护城河。

**冯文**
晨星中国总经理

# 推荐序二

《投资护城河》在美国出版已有二十余载。今时早已不同往昔,世界发生了诸多变化。美国的次贷危机最终演变成一场席卷全球的金融危机,致使世界各地的银行纷纷倒闭。一种新型冠状病毒引发了一个世纪以来最严重的全球疫情,而曾经只出现在科幻小说中的人工智能,已成为人们日常生活的一部分。

对投资者而言,市场也迎来了不少新变化。在许多市场中,股票买进与卖出的成本已降至零或接近零;追踪市场整体走势的被动型投资的成本越来越低,它也从那些帮助客户挑选股票和债券但收费高昂的投资组合经理手中夺取了不少市场份额。个人投资者可投资的"另类"投资项目也大幅增加，包括私募股权、加密货币和新奇结构化的产品。

然而，不管在过去的二十年中发生了多少震撼人心的大事件，不论投资格局发生了多么深刻的变化，这本书强调的"投资有经济护城河的公司"的基本原则屹立不倒。"经济护城河"一词由沃伦·巴菲特首创并因此广为人知，他是这种投资方法最忠实而成功的践行者。追求护城河的投资者有着非常简单的目标：以合理的价格买进高质量公司的股票，然后坐等复利（阿尔伯特·爱因斯坦将其称为"宇宙中最强大的力量"）发挥其魔力。

然而，一家高质量的公司应具备什么特征？答案或许不如投资原则那么一目了然。为了揭开其神秘面纱，晨星公司前股票研究总监帕特·多尔西在这本书中解释了晨星的股票分析师如何识别拥有经济护城河的高质量公司——这些经得起时间考验的优势使它们能够抵御竞争，并在未来至少十年内产生超额利润。

然而，与其说识别经济护城河是寻找符合条件的现存公司，不如说是对公司未来发展的预测，而预测的挑战性本就很高。正如帕特引用诺贝尔物理学奖得主尼尔斯·玻尔的话：

"预测十分困难，尤其是预测未来。"聚焦于护城河的投资需要投资者勤奋、耐心和足够谦逊，对那些乐于深入挖掘行业和商业模式的投资者而言，这是一个其乐无穷的过程。虽说不是一蹴而就的致富之路，但它确实是一种久经考验的积累财富的投资方法。

我在 2007 年初加入了帕特在晨星的股票研究团队，不久后这本书的第一版就问世了。我当时主要负责纸张和包装公司的相关调研，虽然它们中几乎没有什么明星企业，也不存在经济护城河，但我乐在其中。从那时起我就为晨星服务，直至今日有幸领导公司的股票研究团队。

晨星现在的股票研究业务规模变得更大。我们为全球数百万投资者提供研究和评级信息，客户覆盖大型基金公司和为退休储蓄的个人，业务规模已达 500 亿美元，这些资产持有在共同基金、交易所交易基金（ETF）和独立账户中。然而，我们识别经济护城河和评估股票的基本方法，自 2007 年以来基本维持不变。

虽说世界在过去的二十年里发生了巨大变化，但我坚信这本投资宝典依然是投资者了解护城河投资方法的最佳入门书。帕特娓娓道来的写作风格与化繁为简的叙述能力，使这本书熠熠生辉。这就是每个新入职晨星股票研究团队的员工，都会在入职当天收到一本《投资护城河》的原因。有人可能会说这本书拥有经久不衰的影响力，而我会说它已经拥有了自己的"护城河"。

如果你跟我们新入职的员工一样，读到了这本书，你就会发现，帕特在书中提供的数十个简短的案例研究，在识别"经济护城河"方面特别有帮助。值得一提的是，这本书中被用作案例的大多数公司，至今仍保持着稳固的竞争优势。在这本书出版后的二十多年里，这些公司成功地抵御了无数竞争对手的攻击，而晨星的分析师们预计，它们将在未来十年甚至更长久的时间里，继续保持傲视群雄的优势。制药巨头礼来公司的专利组合依旧强大，现在以行业领先的减肥药物为亮点；大型托管银行道富银行仍然享有高昂的转换成本，客户对其不离不弃；而固瑞克公司，虽然规模较小、知名度稍低，但其生产的花生酱输送泵、汽车喷漆系统和油气行业用注射泵依然拥有专利和高昂的转换成本，固瑞克也因此继续稳固着自己的"经济护城河"。

对于采用护城河方法论的投资者来说，与找到"经济护城河"同等重要的，是识别"虚假的经济护城河"。有些公司虽然享受着迅猛的增长和丰厚的利润，却缺乏能够抵御持续竞争压力的商业模式。帕特在第二章详细阐述了如何甄别这些"冒名顶替者"。这项技能对任何专注于护城河的投资者都至关重要，因为一旦这些公司的高额盈利回落至正常水平，基于短期优势的大笔"押注式"投资可能会令投资者血本无归。

此外，投资者持续监测公司的竞争态势，寻找其潜在的疲软迹象也很重要。没有哪种护城河能永久持续，但有的护城河比其他护城河更易遭受侵蚀。如今看来，帕特对于戴尔与西南航空的讨论极具先见之明。当时，这两家公司均具备基于流程的成本优势特征，但最终还是被竞争对手迎头赶上。帕特指出，戴尔与西南航空的低成本流程极易被复制，"因此，基于流程的护城河需予以密切关注，因为一旦竞争对手复制其低成本流程或自创流程，其成本优势便极易丧失"。

第八章全面探讨了护城河被侵蚀的种种迹象。对于科技行业的投资者而言，这部分内容尤为实用，因为这是个变革迅猛的领域，科技产品随时有过时和被淘汰的风险。帕特提到了当时被广泛使用的黑莓手机的供应商——加拿大动态研究公司（Research In Motion），认为这家公司可能成为行业的标准制定者，从而拥有经济护城河。然而，短短数年间，曾经风靡一时的黑莓手机就被苹果公司2007年推出的iPhone及众多类似设备所取代，这些新产品最终令黑莓彻底成为过去时。

事实证明，iPhone的市场持久力远超黑莓。令人好奇的是，尽管苹果在添加炫酷新功能方面慢于竞争对手，但这似乎并未引起公司领导层的过多担忧。苹果首席执行官（CEO）蒂姆·库克曾颇为自豪地表示，苹果公司更注重"做到最好"而非"抢先一步"。在不领跑就消亡的科技领域，这是绝大多数企业可望而不可即的一种奢侈。

只做行业的快速跟随者，苹果是如何实现蓬勃发展的？为何"果粉"即便面对"物美价更廉"的替代品，仍坚持使用iPhone？答案在于，苹果拥有两条强大的护城河，这使其无须始终引领市场的科技趋势：一是高昂的转换成本，将顾客牢牢锁定在苹果的iOS设备生态系统中；二是网络效应，吸引开发者和用户纷纷涌入其App Store。这两大护城河（在第四章和第五章中已有详细论述）共同助力苹果实现了惊人的增长、持续的高盈利以及庞大的市值。

苹果的iPhone及其同类产品的全球普及，极大地强化了该公司的"网络效应"护城河，即那些随着用户数量增加而增值的产品或服务。如今，数十亿消费者口袋中都有一台移动设备，这使得网络能够以更快的速度增长，规模远超2008年，帕特当时已将网络效应形容为"强大到不可忽视"。

这一趋势在全球市值最大的公司排名中得到了验证。2008年，这本书首次出版时，仅有微软一家科技公司跻身前十。相比之下，石油和天然气公司占据了前10名中的5个，分别是中国石油、埃克森美孚、俄罗斯天然气工业股份公司、荷兰皇家壳牌，以及中国石化。时至今日，科技股已占据前10名中的8个席位，其中5个都拥有宽广的网络效应护城河，它们是苹果、微软、Alphabet（谷歌母公司）、亚马逊和Meta。

尽管美国是众多网络驱动型巨头的大本营，但网络效应护城河力量的崛起绝非美国公司独有。当前，中国最大的科技企业之一腾讯，其微信平台几乎覆盖了整个中国大陆的活跃用户群体，这意味着用户很难弃用微信，一旦卸载微信，他们将失去与朋友和业务伙伴的联系，以及海量聊天记录、支付记录等重要信息。在拉丁美洲，美客多（MercadoLibre）独占鳌头，为该地区电子商务提供一站式解决方案。随着越来越多的买家和卖家"节点"加入网络，其竞争优势越发难以撼动。

运用了现代技术且得到极大增强的网络效应护城河，往往能造就 家公司的市场主导地位。帕特曾预见性地指出："基于网络不断发展的企业往往造成自然垄断和寡头垄断。"因此，这一趋势引起全球各国政府的关注也就不足为奇了。对于关注网络驱动型公司的投资者而言，在考量这些护城河在未来几年能否持续稳固时，必须密切关注监管环境的变化。

自2008年这本书首版问世以来，尽管世事变迁，但理解经济护城河如何构建、维持乃至瓦解的重要性，非但未减，反而越发凸显。在此，我诚挚邀请您踏上护城河投资的探索之旅。若要为此次旅程寻一个绝佳的开篇，帕特·多尔西所著的《投资护城河》无疑是不二之选，我很难想象还有比它更合适的入门书籍了。愿您在阅读时，能像我在近 20 年前初为分析师时那样，感受到同样的启迪与吸引。

祝您前程似锦，投资顺利！

**丹·罗尔，CFA**
晨星公司股票研究与投资部主管

# 序

1984年，我创办了晨星公司，我的初衷是帮助个人投资者（别称"散户"）投资共同基金市场。彼时，只有少数几份金融出版物为投资者群体提供企业的业绩数据，此外，投资者便再没有其他的信息获取渠道了。我认为，创建一家专业机构并以合理的价格为广大投资者提供体系化、高质量的投资信息，能够满足投资者日益增长的信息需求。

当时，我心中还有另一个目标，即创建一家拥有"经济护城河"优势的公司。"经济护城河"是沃伦·巴菲特创造的一个词，指的是帮助企业赢得竞争的持续优势，如同保护城堡的护城河一般。我从20世纪80年代初开始关注巴菲特，也研究了很多年伯克希尔－哈撒韦公司的年报。巴菲特在他的投资年报中解释了护城河的概念，这让我灵感乍现，我决定以此为基础，开创出一份新的事业。"经济护城河"的概念不仅对我个人有着重大的意义，也成了晨星公司开展日常运营和股票分析的基础。

在创办晨星公司时，相关市场需求在我眼中已经十分清晰，但同时我希望公司能够具备拥有"护城河"的潜力。毕竟，在花费了大量时间、金钱和精力开办企业后，我们可不想眼睁睁地看着竞争对手把客户抢走。

我设想的业务应该是很难被竞争对手复制的。此外，我还希望晨星公司的"经济护城河"由以下部分组成：一个值得信赖的品牌形象、庞大的金融数据库、独一无二的分析技术、规模可观且知识渊博的分析师团队，以及大批忠实客户。我个人丰富的投资从业经验、不断增长的市场需求，以及具备打造宽广"护城河"潜力的商业模式，这些因素促使我开启了创业之旅。

晨星公司在过去的23年中取得了令人瞩目的成功。公司目前的年收入已经超过4亿美元，盈利能力远远超出业界平均水平。我们一直在努力拓宽和加深公司的护城河，这也是我们投资新业务时所追求的目标之一。

此外，护城河也是晨星公司股票投资方法的基本原则。我们认为，投资者在寻找长期投资目标时，应重点关注哪些公司拥有宽广的经济护城河。因为它们可以在较长的一段时间内赚取超额收益，而且随着时间的推移，其超越市场水平的盈利能力也会在不断上涨的股价上得到体现。投资这类公司还有一个额外"福利"：长期持有优质股可以降低投资者的交易成本。因此，具备宽广护城河的公司才是投资者构建核心投资组合的最佳选择。

很多人的投资决策都是被动的，比如"这是我姐夫给我推荐的"或"这是我在《金钱》（Money）杂志上看到的"。此外，股价的日常波动以及专家们对短期市场走势喋喋不休的"分析"，也很容易让人眼花缭乱。投资者最好"锚定"一套可行的投资理念，这套理念可以帮助投资者评估股票并构建合理的投资组合，这也是护城河的价值所在。

尽管"护城河"的概念由巴菲特首创，但它在晨星公司得到了进一步的完善。我们确定了护城河的常规属性，如高转换成本和规模经济，并对其进行了详尽而全面的分析。尽管投资向来是一门难以捉摸的艺术，但晨星公司仍在努力将"如何发掘具有护城河的公司"变成一门有法可循的科学。

护城河也是晨星公司对股票进行评级的一大关键要素。晨星拥有100多位股票分析师，分析范围覆盖了100多个行业的2 000多家上市公司。我们主要依据两个决定因素给股票评级：（1）晨星对股票预期公允价值的折现；（2）企业护城河的规模。每一位分析师都会建立一个详细的现金流折现模型，以计算出各家公司股票的公允价值。然后，他们将根据本书后续介绍的评估技术，对企业的护城河进行评级（宽、窄、无）。一家公司股票公允价值的折现值越大，其护城河越宽，晨星对其股票的评级就越高。

我们在寻找拥有护城河的公司，但更希望能以明显低于公允价值折现值的价格购入其股票。巴菲特、橡木基金公司的比尔·尼格伦和长叶基金公司的梅森·霍金斯等顶级投资者也是同一思路。然而晨星的优势在于，我们始终如一地将这个投资方法应用于不同行业和领域的众多企业的分析与筛选。

广泛的研究覆盖面也让晨星对"什么特质能够为企业带来可持续竞争优势"的问题形成了独到见解。晨星的股票分析师经常与同行讨论护城河问题，并在上级质疑其护城河评级时据理力争、捍卫自己的评级结论。护城河不仅是晨星文化的重要组成部分，也是公司分析报告的核心主题。

在这本书中，晨星股票研究部主管帕特·多尔西将与读者分享晨星多年积累而来的集体智慧与投资经验，好让诸位深入了解晨星在股票评估方面的思维逻辑。

帕特在晨星的股票研究和经济护城河评级体系的构建过程中发挥了重要作用。他头脑敏锐、见多识广且经验丰富，更令我们深感幸运的是，他还是一位顶尖的沟通大师，无论是在书面还是口头表述上（相信诸位经常能看见他在电视节目里侃侃而谈）。正如你在阅读这本书时会发现的那样，帕特拥有一种独特的能力，即以条理清晰且风趣幽默的方式讲清楚关于投资的一切。

关于为什么"根据企业的经济护城河做出投资决策"是一种明智的长期投资方法，帕特将在后续的章节中给出答案。最重要的一点是，你将学会利用这种方法进行投资，并通过长期投资积累财富。你还将学会识别拥有护城河的企业，并掌握确定股票价值的有效工具。得益于帕特引人入胜的阐述，所有这些信息对诸位而言，都将是通俗易懂、易于掌握的。

那些具备宽阔护城河的优秀公司是如何持续创造高于市场水平的利润的？这本书将带你探索这个问题背后的奥秘，继而帮助你充分认识护城河所蕴含的经济力量。事实证明，缺乏护城河保护的公司，往往无法为股东创造长期价值。

在晨星股票分析体系的构建过程中，我们的证券分析主管海伍德·凯利和个人投资者业务总裁凯瑟琳·奥德尔博发挥了核心作用。此外，我们所有的股票分析师每天都在兢兢业业地开展高质量的护城河分析工作，他们同样功不可没。

这是一本"短小精悍"的智慧之作，只要你仔细研读它，它就能帮助你在做出明智的投资决策方面打下坚实的基础。我衷心地希望诸位能喜欢这本投资小宝典，更希望诸位的投资致富之路一帆风顺。

**乔·曼斯威托**
晨星公司创始人、董事长兼首席执行官

# 引言

# 寻找护城河的路线图

从股市中获利的方法有无数种，你可以像华尔街的投资者那样紧盯股市动态，同时费尽心思地猜测哪些公司的季度盈利将超过预期，但使用这一方法的竞争者非常多；你可以买入那些一路看涨或价格上涨极快的强劲股，但高位入局需要承担更多风险，因为可能没有买家会以更高的价格来接盘；你也可以选择不考虑公司的基本面，闭眼盲入价格低廉的股票，但在此之前，你要考虑清楚，股票价格反弹带来超额回报的概率与股票跌停退市造成损失的概率孰大孰小。

又或者你可以化繁为简，以合理的价格购入优质公司的股票，然后坐等这些公司的投资收益实现长期的复利式增长。尽管这一投资策略被全球最成功的投资者（沃伦·巴菲特是其中最著名的一个）所青睐，但能够遵循这个策略的基金经理并不多。

实施这项投资策略需要遵循的游戏规则很简单：

1. 寻找能持续多年获得高利润的公司；
2. 耐心等待，在股价低于其内在价值时买进；
3. 持有股票，直到公司衰退导致股价虚高，或是在找到更好的投资机会时卖出，持有期至少应以年为单位，而不是以月份来衡量；
4. 必要时可重复前述流程。

《投资护城河》大部分都围绕第一步展开论述，即如何找到在获取超额收益方面具备长期潜力的优质公司。因为你只要能够做到这一点，就已经领先于大多数投资者了。在本书后半部分的章节中，我们还将为诸位提供股票估值的一些实用技巧，以及何时抛售股票、继续寻找下一个投资风口的有效建议。

为何"寻找能持续多年获得高利润的公司"对投资者而言如此重要？要回答这个问题，我们不妨退一步思考一下公司的本质。一家公司存在的目的，就是吸引投资者的资金，并为其提供回报。我们可以将公司视作一台庞大的机器，它把投资者的钱（资本）吸收进去，然后对外输出产品或服务，其结果有两个：要么"财源滚滚"（创造更多资本的优质公司），要么"入不敷出"（造成资本亏损的糟糕公司）。一家公司如果能够在多年内为其投资者创造高资本回报率，其财富的复利增长速度必然十分惊人[1]。

然而，能做到这一点的公司可谓凤毛麟角，因为对高资本回报率趋之若鹜的，还有众多竞争对手。这也是资本主义市场的运作方式：资本对寻找预期回报率最高的市场有着天然的敏锐嗅觉，也就是说，只要出现一个利润丰厚的行业，竞争者就会蜂拥而至。

总而言之，资本回报率就是我们口中的"均值回归"。换言之，随着竞争的加剧，高利润公司的超额收益将逐渐减少；但随着新业务领域的开辟或竞争对手的退场，低收益公司的业绩将不断得到改善。

然而，也有一些优质公司能经受住长期残酷的竞争冲击，

---

[1] 资本回报率是衡量公司盈利能力的最佳基准。它反映了企业利用其所有资产（工厂、员工、投资）为股东创造收益的效率情况。你可以将其理解为共同基金经理所取得的回报，只不过企业经理投资的是项目和产品，而不是股票和债券。有关资本回报率的更多信息，请参见本书第2章内容。

它们就是财富增值的机器,理应成为你构建投资组合的基石。不妨想想安海斯-布希、甲骨文和强生集团,它们都是盈利能力极强的企业。虽然多年来一直面临着激烈的竞争威胁,但它们依然实现了超高的资本回报率。你可以说它们纯粹是运气爆棚的"天选之子",但(更有可能的是)它们也具备了大多数公司都缺乏的一些优秀特质。

如何才能找到像安海斯-布希、甲骨文和强生这样的企业,即那些不仅当前业绩亮眼,还有潜力在未来多年里延续其业绩神话的公司?在计划投资一家公司之前,你可以问自己一个简单明了的问题:"这家公司是否拥有足以阻止机智多谋、资金雄厚的竞争对手来分走市场蛋糕的优势?"

要回答这个问题,我们就需要在企业身上寻找被称为"竞争优势"或"经济护城河"的结构性特征。就像中世纪城堡周围的护城河能够帮助其抵御外敌那样,经济护城河也能够保护全球最顶尖公司享有的超额资本回报不受损害。你如果能找到拥有经济护城河的公司,并以合理价位买进其股票,就可以为自己打造出一个精妙绝伦的投资组合,进而更有可能在股市上所向披靡。

那么,经济护城河有何特殊之处?这就是本书第 1 章论述的主题。在第 2 章中,我将告诉你如何辨别虚假的护城河,即那些人们误以为能够带来竞争优势但实际上并不靠谱的公司特征。随后，我将用几个章节深入探讨经济护城河的来源。这些结构性特征赋予了公司真正可持续的竞争优势，因此值得多花一些篇幅详细论述。

在诸位建立了对经济护城河的理解基础之后，我将告诉你如何识别正在被侵蚀的护城河，并向你介绍行业结构在创造竞争优势中的关键作用，以及公司管理层创造（或摧毁）护城河的一些方法。紧随其后的是案例研究，主要包含对一些全球知名公司的竞争分析。此外，我还将提供股票估值的相关方法，因为即使公司拥有宽广的护城河，如果你买入股票时的价格过高，赔钱收场也并非不可能。

# 第 1 章

# 经济护城河

如何利用经济护城河挑选绩优股

对大多数普通人而言，为高质量的商品支付更高的价格是常识。从厨房用具、汽车到房屋，使用寿命越长的产品，通常能够卖出越高的价格，因为使用年限越长，高昂的"前期投入"就会被摊得越薄。因此，本田汽车的售价高于起亚汽车，高质量厂商制造的专业工具，其价格也一定高于街角五金店小工具的售价。

"物有所值"的道理同样适用于股票市场。对投资者而言，那些历史悠久的老牌公司，也就是具备强大竞争优势的公司，其价值比那些极可能会在短短几个月内从"英雄"沦为"狗熊"的公司要高得多，因为后者在竞争对手面前从来都没优势可言。经济护城河之所以对投资者如此重要，原因就在于此：拥有护城河的公司比没有护城河的公司更有投资价值。因此，如果你能确定哪些公司拥有经济护城河，那么你将只会投资那些真正值得投资的公司。

要理解护城河为何能够提升公司的价值，我们需要先思考到底是什么决定了股票的价值。投资者持有股票，就意味着拥有了该公司的所有者权益（尽管每股的占比可能极其微小）。正如一栋公寓楼的价值等同于租户将要支付的租金减去维护费用后的现值，一家公司的价值，是该公司在生命周期内预期创造的现金减去维护和扩展业务所需费用后的现值[1]。

为了更好地说明问题，让我们比较下面两家公司：它们增速大致相当，动用的资本数额及创造的现金收益也大致相同。其中一家公司拥有经济护城河，因此它应该能够在 10 年或更长时间内以更高的回报率对这些现金流进行再投资。而另一家公司没有护城河，这就意味着，一旦有竞争对手入场，该公司的资本回报率很可能会一落千丈。

具备经济护城河的公司当下会更"值钱"，因为它能够在很长一段时间内持续产生可观的经济效益。投资者买入其股票，就等于买入了未来多年都不会受到竞争冲击的稳定现金

---

[1] 在计算现值时，我们会根据时间和风险度调整未来现金流的总和。可以说，手中的一美元比尚不确定能否落袋为安的一美元更有价值；有信心在未来收到的现金，比目前尚无把握收到的现金更有价值。我将在第 12 章和第 13 章中介绍一些基本的估价原则，你如果现在还搞不清这些概念，也不必担忧。

流,这就好比花大价钱买一辆可以开10年的车,而不是图便宜买一辆跑几年就要报废的二手破车。

在图1-1中,横轴代表时间,纵轴代表投资资本回报率。两相比较后你就会发现,左图公司(拥有经济护城河的公司)的资本回报率虽然在缓慢走低,但时间持续更久,因为它能够在较长时间内持续压制竞争对手。反观右图没有经济护城河的公司,因为无力招架越发激烈的竞争,资本回报率跌得极快。图中深色区域代表了每家公司累计创造的总经济价值,可以看出,有护城河的公司产生的经济价值总额更大。

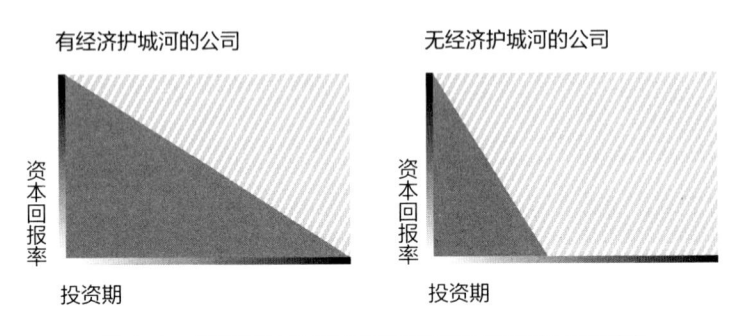

图1-1 有经济护城河的公司与无经济护城河的公司对比

护城河之所以对投资者如此重要,是因为它们能够大幅提升公司的价值。识别经济护城河的能力,将让你在选购股票、判断买入价格方面做到快人一步并由此占得投资先机。

## 护城河的无穷益处

护城河之所以能成为投资者选股过程的核心标准，还有很多其他理由。

护城河可以从多方面保护投资资本。首先，它抬高了投资者的投资底线，让投资者不太可能为一家尚不具备稳固竞争优势的热门公司支付过高的投资价格。因为随着竞争的加剧，企业的超额收益必将逐渐萎缩。对大多数企业及其投资者来说，利润的衰退往往都过于迅速，其代价也令人十分痛苦。

想想那些零售商中曾经炙手可热的"后起之秀"，这些品牌过气的速度比18世纪五六十年代风靡一时的圈环裙都快。还有那些昙花一现的科技公司，当另一家企业向市场推出更好用的产品或服务后，之前那些科技公司迅猛的增速和竞争优势一夜之间就化为了泡影。投资者很容易迷失在短期快速增长的丰厚利润率之中，但这些超额回报能否长期持续，才应该是投资者最重要的考量因素。护城河为我们提供了一个甄别的框架，让我们可以将那些"朝生暮死"的公司与真正具备长期可持续发展能力的优质公司区分开来。

其次，如果你在识别护城河方面有着独到的眼光，那就意味着你遭受永久性资本减值，即投资出现大笔亏损的概率将大大降低。因此，即使你最终以（事后看来）略微偏高的估值买入了一家公司的股票，只要它拥有经济护城河，其内在价值增长就能保障你的投资免受损失。如果它没有护城河，一旦在竞争中受挫，其股票内在价值就更有可能断崖式下跌，这就意味着你为这些公司的股票支付溢价的"追涨"行为十分愚蠢。

拥有护城河的公司还具备更强的复原力，因为具备了结构性竞争优势的公司更有可能从暂时的困境中"起死回生"。举个例子，想想可口可乐多年前推出的新可口可乐（1985年诞生，2002年停产）和之后推出的C2（一种低卡路里饮料，于2007年退市），它们不仅没有拉动增长，反而耗费了大量的企业资金，但由于可口可乐赖以生存的核心品牌并未受损，这两次严重失误都没有使它陷入倒闭的危机。

此外，消费者的偏好随后开始转向纯饮用水和果汁等非碳酸饮料，而可口可乐对此表现得相当后知后觉，这也成为它在过去几年里业绩增长疲软的一个重要原因。但同时，可口可乐牢牢把控着销售渠道，后续通过推出达萨尼矿泉水，以及利用自身现有渠道大力推广其他新收购的非碳酸饮料品牌等方式，又成功地扳回一城，挽回了些许损失。

我们还可以回顾一下麦当劳在21世纪初遭遇的困境。众所周知，快餐业的竞争是异常激烈的。一家快餐品牌如果服务质量下滑，产品也无法迎合消费者不断变化的口味，必然会迎来万分惨淡的结局。事实上，大多数商业媒体在2002年和2003年对麦当劳的前景预判就是如此。然而，靠着"响当当"的品牌知名度，加上遍布全球的庞大的连锁店网络，麦当劳成功实现了战略重整和逆势反弹，这是没有护城河的其他连锁品牌不可能做到的。

对希望以合理价位买进优质公司股票的投资者而言，拥有护城河的公司所具备的这种复原力，不亚于一颗高效的"定心丸"，因为只有在出现意外情况时，优质公司的股票才会变得物超所值。然而，如果你能够在一家优质公司的股票跌到低位之前，也就是在关于这家公司的头条新闻从花式吹捧变成扼腕叹息之前对其护城河进行分析，你就能更深入地了解并确定这家公司到底是暂时陷入困境，还是自此一蹶不振。

最后，护城河可以帮助你确定所谓的"能力圈"范围。如果能将投资范围限定在自己熟知的领域，比如仅投资金融股或技术股，而不是遍地撒网，寄希望于好运，那么大多数投资者都能取得不错的业绩。与其成为行行皆通的博学家，不如成为对具备优势竞争力公司有独到判断的专家，不管这些企业属于哪个行业、经营何种业务。这样一来，这个宽广无垠、神秘莫测的投资之海就能成为你了如指掌的理财宝地，目之所及都是你知之甚详的优质公司。

翻开这本书的读者都是幸运之人，因为这就是我撰写本书的目标：让你成为一名识别护城河的专家。如果你能够看到别人看不见的企业护城河，你就能以低廉的价格买到"明日之星"型公司的股票。同样重要的是，如果你能识别出那些没有护城河，却因备受市场盲目追捧而股价一路飙升的公司，那么你就能避免买入这些后患无穷的垃圾股，进而避免自身的资产组合受损。

### 股票投资箴言

1. 购买股票只意味着你拥有了一家公司全部权益的极小一部分，而且是非常有限、少得可怜的一部分。
2. 公司的价值等于它未来能创造的全部现金。
3. 相较于只能实现短期现金盈利增长的公司，一家能长期实现现金盈利增长的公司更具投资价值。
4. 资本回报率是判断公司盈利能力的最佳指标，它体现了

> 一家公司吸引投资并利用筹得的资金为投资者创造收益的能力。
>
> 5. 经济护城河能够保护公司免受外来竞争的不利影响,并帮助它们在更长周期内赚取更多财富,因此有护城河的公司对投资者而言更有价值。

第 2 章

# 真假护城河

不要被虚幻的竞争优势蒙骗

"赌马赌的是骑师，而非赛马"，赛马界的这句俗语在投资圈流传甚广，意指公司管理团队的质量比业务质量更重要。我认为，这句话放到赛马上或许说得通，毕竟所有赛马的饲养和训练都是为了赢得竞速的胜利，因此马匹之间的竞争看起来也相对公平。我这种观点纯属个人臆测，毕竟我从未真正参加过赛马活动。即便如此，我也知道骡子和设得兰矮种马绝对不可能与纯种赛马同场竞技。

　　而商界则是另一番光景。在股票市场上，"骡子"和"设得兰矮种马"确实能与纯种赛马一较高下。即使是全世界最优秀的骑师，如果他胯下的坐骑几周前才从牧场"转业"成为赛马，那么他恐怕也难以逆天改命、赢下比赛。相反，如果骑师是个没有太多经验的菜鸟，但他骑的是一匹肯塔基德比的冠军马,那么他的表现也很可能会比普通骑师要好很多。因此,投资者应该关注的是马匹本身,而非骑师是否优秀。

为什么这么说呢?因为护城河最重要的一个特点是:它是公司的结构性特征,而且它会在未来许多年里长期保持稳定,这一点是竞争对手难以复制的。

一家公司的护城河,与其说取决于管理层的聪明才智(即一家公司如何打好手中的牌),不如说取决于公司是否拿到了绝佳的牌面。打个比方,哪怕是世界上最优秀的专业扑克玩家,如果他手上只有一个对子,而对手是一位手拿同花顺的业余玩家,那么这位专业玩家也没什么胜算可言。

在竞争异常激烈的行业中,管理层制定的英明战略有时候的确能够为公司创造竞争优势(例如戴尔或西南航空公司),但残酷的现实是,一部分公司在产业结构上拥有比其他公司更强的"先天优势"。即使是管理不善的制药公司或银行,凭借其在产业链所处的位置,它们的长期资本回报率也会令业绩最好的炼油厂或汽车零部件公司望尘莫及。

华尔街对短期业绩狂热痴迷,这很容易让投资者错误地将昙花一现的利好消息与长期竞争优势的特征混为一谈。

基于我个人的经验,最常见的"虚假护城河"是优质产品、高市场份额、高效的执行力和卓越的管理。这四个陷阱会令你误以为一家公司拥有护城河，但事实可能并非如此。

## 是护城河，还是陷阱？

企业很少能单凭优质产品构筑护城河，尽管好产品的确能够在短期内为企业创造亮眼的利润回报。例如，美国汽车品牌克莱斯勒在20世纪80年代推出了全球第一辆小型货车，该公司凭这款车在后续几年内赚了个盆满钵满。然而，在利润向来微薄的汽车行业，竞争对手第一时间就注意到了克莱斯勒这款车的成功，并争先恐后地推出了同款产品。由于汽车市场不具备任何结构性特征来阻止其他汽车品牌涌入克莱斯勒率先发现的利润池，因此，后来者飞速地加入了收割小型货车市场利润的狂欢。

当然，同行业中也不乏成功的案例。在克莱斯勒的小型货车问世后不久，一家名为镜泰的美国小型汽车零部件供应商就推出了自动调光后视镜。老实说，汽车零部件行业竞争的激烈程度与汽车制造行业不相上下，但镜泰公司为自己的后视镜申请了一系列专利，这就意味着其他公司无法复制它的产品，也就不可能与之竞争。因此，镜泰多年来一直保持着丰厚的利润率，自其第一块后视镜投放市场后的20多年里，该公司的投资资本回报率始终保持在20%以上。

此情此景令我再度感叹：一家公司如果没有经济护城河的保护，就只能坐等竞争者蜂拥而至，然后眼睁睁看着利润被蚕食。在华尔街，这种一夜之间从明星到无名小卒的公司比比皆是。

不知诸位是否还记得卡卡圈坊？这家美国第二大甜甜圈食品店的甜甜圈产品美味无比，但公司本身却没有经济护城河——消费者很容易转而选择其他甜甜圈品牌，或是减少甜甜圈消费（我自己也是挣扎许久才痛下决心戒掉甜甜圈）。还有风靡一时的服装品牌汤米·希尔费格，这家公司曾经因为过度热衷于分销以及无度扩张导致品牌形象受损，其产品一度被摆上了清仓货架，公司的收益也一落千丈。当然，Pets.com（销售宠物食品和配件的网站）、编程软件公司eToys如今也都成为互联网泡沫史上的注脚，这些谁又能说得清呢？

股市对乙醇的疯狂是又一个极具启发性的案例。2006年，原油价格高企、炼油产能不足、汽油标准调整，以及玉米（生产乙醇的主要原料）的大丰收等一系列事件共同推高了乙醇的价格，这为处在收益链最顶端的乙醇生产商创造了高达35%的丰厚利润率，也为几乎所有的乙醇生产商带来了稳健的盈利能力。华尔街将乙醇炒作成了下一个投资风口，许多投资者盲目地将乙醇公司的股票视为可以长期维持高利润的"摇钱树"。但乙醇生产实际上是一个典型的无护城河保护的行业。作为消耗品制造产业，它不可能具备任何竞争优势（甚至无法形成规模优势，乙醇工厂的规模越大，成本上的劣势就越明显，因为它需要从更大的玉米产区获得原材料，这将极大地推高投入成本；它还必须对所有的废渣进行处理，这也会消耗大量的天然气）。所以，接下来要发生的事，你很容易就能猜到了。

一年之后，原油价格仍然居高不下，美国的炼油产能依然紧张，但随着玉米价格的暴涨，炼油厂纷纷改用新的汽油标准，更多的乙醇生产商进入了市场，结果，所有乙醇生产商的营业利润都大幅下降，其中规模最大的一家生产商的营业利润率甚至由正转负。由此可见，没有经济护城河的庇护，一家公司的财务业绩可能会在一夜之间急转直下。但是，公平地说，仅凭一款畅销产品或服务就成功打造出经济护城河的案例偶尔也会出现。例如，汉森天然饮料公司在21世纪初推出了一款名为"怪物"的能量饮料，该产品一经投放市场就迅速蹿红。汉森公司也没有满足于现状，而是充分利用"怪物"能量饮料的成功，与当时的饮料界巨头安海斯-布希签订了长期分销协议，并借此在能量饮料市场上获得了更大的竞争优势。

任何想要与"怪兽"能量饮料一争高下的对手，都得在分销渠道方面具备比汉森公司更强的优势。这很难做到吗？当然不是，百事可乐和可口可乐等老牌饮料巨头都拥有专属的分销网络。但这确实有助于保护汉森的利润流，因为它让其他能量饮料都很难进入消费者的视野，而这就是经济护城河的本质。

那么，如果是一家延续了多年业绩神话且占有行业很大份额的公司呢？拥有高市场份额的公司就一定具备经济护城河吗？

遗憾的是，在开凿经济护城河方面，公司规模并非越大越好。人们很容易理所当然地认为，市场占有率高的公司一定具备可持续竞争优势，否则它怎么能抢占大部分的市场份额呢？但历史告诉我们，在竞争相当激烈的市场中，这种行业领头羊的地位也可能是昙花一现，看看柯达、IBM（国际商业机器公司）、网景、通用汽车和科亿尔（文字处理软件）等公司的命运就知道了。

这些公司都曾是各自行业内不可动摇的"龙头老大"，但因为没能打造或维持好护城河，它们不得不将大部分的市场份额拱手让给一个或多个竞争对手。

因此，你应该问的问题，不是一家公司是否占有很高的市场份额，而是该公司是如何获得高市场份额的，这有助于你判断它所具备的市场主导地位是否可持续。

另外，在某些情况下，市场份额的高低无关紧要。例如，在医疗器械行业（如人工髋关节和膝关节），即使市场占比较小的公司也可能创造非常可观的投资回报，而且这些公司市场份额的变化十分缓慢。在这类特殊的市场领域，公司一味追求规模的好处并不多，因为骨科医生不会根据人工关节的价格来决定患者是否需要进行植入手术。

此外，这个行业的"转换成本"相对较高。因为每家公司的产品植入方式都稍有不同，所以医生们往往倾向于长期使用同一家公司的产品。较高的转换成本对每家公司来说都一样，这与企业的规模大小没有任何关系。最后，这类行业的技术创新属于循序渐进式的长期过程，庞大的研发预算投入很少能在短时间内带来显著收益。

因此，"规模"的确可以帮助公司打造竞争优势（我将在第 7 章详述），但"规模"本身很少能够成为经济护城河。同样，高市场份额也不一定是企业的护城河。

那么，通常被称为"有效执行力"的经营效率是否能成为经济护城河？一些公司因"雷厉风行"的行事作风而备受赞誉，而且有经验表明，这些公司在实现经营目标方面确实比竞争对手更靠谱。那么，严格且有序的管理是不是一种竞争优势呢？

遗憾的是，如果一家企业不具备某种结构性竞争优势，那么仅凭经营优势，它还不足以比竞争对手更高效。如果一家公司的成功只能建立在比同行更"精简"且更"苛刻"的管理基础上，那么这家公司很可能处在一个竞争异常激烈的行业中，而且"出头"的唯一途径就是效率的极致提升。"比竞争对手更高效"本身是一个不错的经营策略，但还算不上是一种可持续的竞争优势，除非效率的提升源自某种同行无法复制的专利性流程或工艺。

才华横溢的首席执行官是虚假护城河的第四个陷阱。一个强大的管理团队确实有可能引领公司取得亮眼的业绩。在所有其他条件都相同的情况下，拥有一家由天才管理的企业，当然比拥有一家由庸才管理的企业要好得多。然而，由于种种原因，"由聪明人掌舵"并不是一种可持续的竞争优势。首先，为数不多的"排除管理决策影响后的企业运营"研究表明，在行业因素和其他各种因素都可控的情况下，管理层对公司业绩的影响并不大。这是一个合乎情理的结论，因为在大多数情况下，一个人对一家大型组织产生的实际影响力可能并不是那么显著。

更重要的是，精心挑选杰出的经理人不太可能算得上一项有用的前瞻性工作。我们界定企业是否有护城河的初衷，是对公司未来业绩的可持续性有信心。毕竟，高管们总是来了又走，尤其在这样一个时代，光是请到一位超级明星般的首席执行官就可以刺激市场信心，甚至让公司的市值瞬间上涨数十亿美元。但是，我们又如何能够确定这位被寄予了"再创辉煌业绩"厚望的优秀经理人在三年后还在为公司效力呢？通常来说，我们无法确保其去留（关于公司管理的更多内容，详见第10章）。

最后，我补充一点，事后评价管理者的功过得失总是比事前预测要容易得多。回想一下，那些一度被高高捧起的新星高管后来都"光环褪尽"。思科系统公司首席执行官约翰·钱伯斯和安然公司首席执行官肯尼思·莱之间的差距，也都是事后才看出来的。这就是为何商业媒体很少发布"未来十年的伟大经理人"名单。相反，我们经常看到的都是事后的调查研究，这些研究将公司财务业绩或股价表现的优劣得失统统算在首席执行官的头上。无独有偶，向公司高管征询其对同行的看法同样存在偏见。

### 真正的护城河

如果优秀的产品、高市场占有率、高效的企业运营和卓越

的管理层都不是经济护城河的可靠标志,那什么才是呢?请遵照下面这个清单:

- 公司拥有的无形资产,如品牌、专利权或法定许可权等,这些能使公司销售其竞争对手无法企及的产品或服务。
- 企业出售的产品或服务让客户很难割舍,这就形成了一种让企业拥有定价权的客户转换成本。
- 一些幸运的公司可以从网络效应中获得好处,这是一种非常坚实的经济护城河,可以长期将竞争对手拒之门外。
- 最后,依靠特殊的工艺、地理位置、规模或独特的资源获取渠道,有些企业具备了明显的成本优势,从而能够以低于竞争对手的成本提供商品或服务。

晨星公司的投资经验表明,这四个特征体现在绝大多数具备护城河的公司身上。因此,将它们作为筛选标准,可以为你提供正确的投资方向。在过去的几年中,晨星公司深入分析了全球数千家公司的竞争地位,并在一个非常庞大的数据集基础上提炼出了上述四个特征。

这个识别经济护城河的框架与市面上很多分析公司竞争优

势的模型都有所不同。我们认为一些公司就是比其他公司更优秀，"更有可能创造可持续的高资本回报"就是我们对"更优秀"一词的定义。在这个框架的协助下，你可以凭借一些特征从海量的公司中挑选出"优于"其他公司的高质量公司。市面上大多数商业或战略书籍并不会提供这样的信息，原因很简单。

大多数与公司竞争优势相关的书籍，其目标读者都是公司的管理者，因此这些书论述的重点往往是任何一家公司都可以采用的、有助于提高或保持公司优势竞争地位的通用战略。秉持着提供高"普适性"观点，以期吸引更广泛受众的原则，这些论述传达的信息通常是："只要遵循这些原则／战略／目标，任何公司都能够成为业绩超群的优质公司。"

如果你是一位锐意进取的公司高管，心怀提升公司业绩的雄心壮志，那么这些内容可能很实用。如果你是一位商业书的作者，想要向高管们推荐一本关于商业战略的图书，这也是一个行之有效的思路，因为一套广泛适用的原则和激励性的信息能够说服更多高管接受你的观点。因此，像晨星这样直率地罗列优秀公司应该具备的具体特征的行为，很容易遭到大部分经理人的抵触，毕竟他们手下的公司基本上不具备这些特征。

然而，作为投资者，我们无须成为那些试图在竞争激烈的行业中披荆斩棘、带领公司砥砺前行的企业高管。相反，我们可以勘查整个投资环境，挖掘那些具备经济护城河迹象的公司，我们可以将注意力集中在这些拥有广阔前景的"种子选手"身上。如果某些行业在结构上表现出比其他行业更多的优势，我们就可以花更多时间去调查这个行业中的公司，因为我们从中找到拥有经济护城河公司的概率会更大。如果我们认定某个行业不具备有吸引力的竞争特征，我们甚至可以将整片市场都从我们的投资名单中划去。

作为一心寻找具备经济护城河公司的投资者，不管目标公司的规模、经营年限或行业如何，在看到竞争优势时在第一时间将其识别出来，才是我们真正需要掌握的能力。那些耳熟能详的通用原则（如"专注于核心"）是行不通的，因为它们几乎适用于每家公司。我们需要的是"泾渭分明"的具体特征，这些特征可以将具备竞争优势的公司同那些不具备竞争优势的公司明确区分开来。

在《从优秀到卓越》一书中，作者吉姆·柯林斯写道："卓越并非环境的产物。"我不敢苟同，因为在我看来，公司能否做到卓越，在很大程度上是一个环境问题，而且公司必须依赖于前述四种竞争优势中的一种。如果你能够识别这些竞争优势，那么在寻找最优秀公司的竞赛中，你必将赢过所有的竞争对手。

## 股票投资箴言

1. 护城河是企业固有的结构性特征,一个残酷的事实是:某些企业天生就比其他企业更优秀。

2. 优质产品、高市场占有率、高效的执行力和卓越的管理,这些并不能创造长期的竞争优势。拥有这些特征的确能带来益处,但还远远不够。

3. 结构性竞争优势的四个来源是无形资产、客户转换成本、网络效应和成本优势。如果你能找到一家拥有稳健资本回报率和上述四个特征之一的公司,你就找到了一家拥有护城河的公司。

# 第 3 章

# 无形资产

看不见、摸不着的无价之宝

"无形资产"看起来是毫无关联的几项竞争优势组合而成的"大杂烩",而且从某种程度来说,它确实如此。乍看之下,各家公司的品牌、专利和法定许可权之间几乎没有共同之处。但作为公司的经济护城河,它们发挥作用的方式大同小异,那就是都能帮助公司在市场中占据独特的位置。只要具备其中任何一个优势,一家公司就能成为某个行业的"小型垄断者",进而从客户身上获取十分可观的利润。

无形资产的不足之处在于,在其基础上建立护城河的难度可能超乎想象,因为品牌可能会丧失其号召力,专利权可能会遭到挑战,政府发放的许可权也可能会被撤销。让我们先从品牌入手。

## 热门品牌就是绩优股吗？

投资者最容易掉入的一个陷阱就是认为知名品牌能够给所有者带来竞争优势，这种想法实际上错得离谱。只有能够提升客户购买意愿或客户忠诚度的品牌，才能形成经济护城河。毕竟，品牌的创建和维护都是有成本的，如果投入的成本无法通过定价权或回头客等形式带来回报，它就无法创造竞争优势。当你看到一家拥有知名消费品牌或自称其品牌在某个细分市场上"奇货可居"的公司，不妨问问，与同类产品相比，其品牌是否有能力从客户身上获取更高的溢价。如果答案是否定的，那么它所谓的品牌价值可能就是夸大其词了。

以索尼为例，它无疑是一个家喻户晓的品牌。但请你扪心自问，如果要购买一台DVD（数字通用光盘）播放机，相较于飞利浦、三星或松下等同类产品，你是否愿意为索尼这个牌子支付更高的价格？我想你大概率会拒绝，至少大多数人都会拒绝。因为消费者在购买电子产品时，首先考虑的通常是功能和价格，品牌倒在其次。

现在，我们再将索尼与珠宝商蒂芙尼公司和建筑材料供应商优时吉公司做个比较。这两家公司生产和销售的产品与索尼的电子产品截然不同，但三者的共同之处在于它们销售的产品与其竞争对手的产品都大同小异。将索尼的标签从其产品上摘下后,它们看起来与其他品牌的电子产品并无不同。将蒂芙尼的钻石从其标志性的蓝色包装盒里拿出来,它们看起来与蓝色尼罗河或波仙珠宝出售的钻石没什么两样。优时吉的顶诺品牌石膏板与其竞争对手销售的石膏板也几乎一模一样。

同样是销售钻石,即便规格与竞争对手的产品别无二致,蒂芙尼的平均售价也更高,而消费者愿意买单的理由之一,就是这些钻石都被装在了蒂芙尼标志性的精致小蓝盒里。例如,在创作本书期间,一枚重1.08克拉、切工完美、颜色等级为D、净度为VS1的蒂芙尼铂金钻戒的售价为13 900美元,而克拉数、颜色和净度完全相同,且切工和戒托也极为相似的蓝色尼罗河铂金钻戒的售价仅为8 948美元(蒂芙尼这个蓝色盒子真是价格不菲!)。优时吉的故事则更加令人叹为观止,与蒂芙尼不同(蒂芙尼毕竟是一个奢侈品牌,产品的高溢价情有可原),该公司销售的是石膏板,这是一种日常随处可见的普通产品。此外,其产品与其竞争对手的产品没有本质差异。让我们看看优时吉是如何描述其顶诺牌石膏板的:

……采用防火石膏芯材,外层包裹100%再生天然面纸,背面为100%再生衬纸。面纸围绕长边进行折叠包裹,进一步加固和保护芯材，两端被切割成方形并做了平滑处理。面板长边呈锥形，并采用优时吉专属"内表面系统"，便于对接缝进行加固和隐藏。

现在，请将其与竞争对手的产品描述做个对比：

……采用防火石膏芯材，包裹着100%可回收的天然面纸，背面是坚固的衬纸。面纸围绕长边做折叠处理，以加固和保护芯材，两端被切割成方形并打磨光滑。面板的长边呈锥形，便于用复合拼接构件系统来加固和隐藏接缝。

两者的描述几乎一模一样，但顶诺石膏板的价格比其他同类产品通常要高出10%~15%。这是因为优时吉占据了建材市场的大半江山，并在耐用性和强度方面有着良好的声誉。

如果一家公司仅凭借品牌就能以更高的价格出售同类产品，那么这个品牌很可能形成了一条强大的经济护城河。拜耳制药公司的阿司匹林就是一个例子，其化学成分与其他品牌的阿司匹林并无不同，但只要贴上了拜耳的牌子，其价格就是其他品牌的两倍，其品牌价值可见一斑。

当然，仅凭品牌就能让一款产品"独霸市场"的情况极其罕见，大多数品牌的作用都只是增加商品的辨识度，例如可口可乐的饮料、奥利奥的饼干或梅赛德斯－奔驰的汽车等。在这种情况下，品牌的价值主要体现在降低客户的搜索成本方面，但它不一定能赋予公司定价权。换句话说，你知道一款标有"可口可乐"商标的饮料是什么味道，也知道一辆由戴姆勒集团（奔驰的生产商）生产的汽车肯定既豪华又耐用，但你也会发现，可口可乐并没有比百事可乐贵，奔驰的售价也不比宝马高。

尽管价格相近，但可口可乐和百事可乐的口味并不相同，奥利奥和 Hydrox 饼干也是如此。尽管奔驰的售价不一定比同类汽车更高，但它不遗余力地确保自己的产品没有辜负该品牌多年来在质量和耐用性方面积累起来的良好信誉。然而，生产比同类产品更经久耐用的汽车往往需要付出较高的成本，因此很难说奔驰能因其品牌而具有成本优势。

依赖品牌创建经济护城河的最大风险在于，如果品牌丧失了号召力，公司将无法继续获取产品溢价。举个例子，卡夫芝士曾是干酪市场上不可动摇的"龙头老大"，但在各大零售店开始推出自有品牌的奶酪产品后，消费者忽然意识到自己能够以更低的价格买到几乎一样的产品。毕竟，不同品牌的再制干酪在口感和工艺上并不存在显著差异。

品牌的确可以创造长期可持续的竞争优势，但最为关键的不是一个品牌受欢迎的程度，而是它能否影响消费者的行为。当然，如果消费者仅仅因为中意某个品牌就愿意花更多钱购买或经常性回购，那就说明该企业具备经济护城河。然而，也有不少公司虽然拥有知名品牌，但也不得不为实现盈利而苦苦挣扎。

## 专利律师开的可都是好车

如果能通过专利法来彻底禁止竞争对手销售同类产品，岂不美哉？这就是专利的作用，尽管它们可以成为构筑经济护城河的极佳"原材料"，但它们并不总是像你想象的那样具有持久的竞争优势。

首先，专利是有期限的。一项有利可图的专利一旦到期，竞争者就会蜂拥而至，这几乎是不可避免的（对此，任何一家大型制药公司都能感同身受）。有时候，利用法律程序的确可以延长产品的专利期，但要找到一支能帮你打赢专利官司的律师团队却并非易事，除非你恰好是知识产权方面的专家。

被注册的专利有时也存在被撤销的可能，因为总是有人跳出来质疑其合法性，而且专利越有利可图，律师们就越会绞尽脑汁地从各个角度对其发起挑战。例如,许多小型广谱药品公司的核心业务并不是制药,而是专门"碰瓷"制药巨头公司的专利,它们的胜算或许只有一成,但鉴于成功之后的丰厚回报,挑战者始终络绎不绝。

一般来说,在考虑是否要投资一家主要倚仗少数专利产品获利的公司之前,投资者还是要三思而后行,因为任何一项专利的失效,都有可能给该公司带来严重损失,而且这种"飞来横祸"是很难预测的。如果一家公司有着悠久的创新传统,它所具备的持续创新能力完全不需要投资者担心,并且拥有种类繁多的专利产品,那么公司凭借专利形成的竞争优势才名副其实。举个例子,3M公司为旗下数百种产品申请了数千项专利,默克和礼来这种大型制药公司就更不用说了。多年来,这些公司一直在研发新的专利,它们过往的成功让人们有理由相信,它们永远有能力推陈出新,即使现有产品专利失效,它们也可以持续研发新的专利产品来取代现有产品。

品牌与专利的共同之处在于,二者都会让人产生一种错觉,即认为某家公司获得了一种无法逾越的竞争优势。但它们也充分体现了资本的本质,即资本总是在追逐最高的回报,这也恰恰是它们频繁受到竞争对手挑战的原因。在晨星公司,只有具备多样化的专利产品组合和长期可持续创新传统的公司,才被视为具备了护城河。那些将未来寄托在单一专利产品上的公司，其承诺的高回报听起来美好得令人难以置信，而且市场最终也证明，这样的公司就是空中阁楼。

## 法定许可构筑的护城河

法定许可是最后一类能够创造长期竞争优势的无形资产，它让竞争者很难甚至根本无法进入特定市场。通常情况下，当一家公司需要先获得监管部门的批准才能在特定的市场上运营，但其产品定价却不受经济监管时，法定许可带来的优势才能得到最大化的体现。最典型的两类公司就是公共事业单位和制药企业，二者形成了鲜明的对比。它们都不能在未获批准的情况下向消费者出售产品（比如电力或药品）。但有一点不同，监管机构控制着公共事业单位的收费标准（电价），而美国食品和药物管理局却无权干涉药品的定价。所以，当今美国的制药公司能赚取公共事业单位难以企及的丰厚利润，自然就不足为奇了。

简言之，如果你能够找到一家既拥有垄断巨头一样的定价权，又不像垄断巨头那样受到严格监管的公司，你很可能就找到了一家具备宽广经济护城河的宝藏公司。

债券信用评级机构就是一个生动的例子，它将监管优势放大到了近乎垄断的地位。在美国，一家公司要想对发行的债券进行评级，就必须先获得"全国公认的统计评级组织"授予的资质。因此，任何想要进入评级行业分一杯羹的公司都知道，若要干这一行，频繁且严格的审查是自己必须经历的一关。由于竞争对手少，债券评级机构能够收获丰厚的利润也就不足为奇了。例如，穆迪公司有一项名为投资者服务的业务，其利润率高达50%（你没看错，就是这么高），而且资本回报率达到了惊人的150%。

然而，能充分利用法定许可的优势获得强大竞争优势的，并不只有债券评级机构。比如老虎机生产行业，虽然它看上去与债券业务相去甚远。为了确保赌场不会用老虎机来获取超出法律规定范围的利益，也为了防止不法分子利用老虎机牟取私利，企业要获得生产和销售老虎机的许可本身就困难重重，而且一旦许可被撤销，其收益更是会遭到重创。业内曾有一家制造彩票终端机和老虎机的小公司WMS，2001年由于一次软件故障而被监管部门暂时撤销了资质，这让它损失惨重，足足用了三年时间才恢复元气。

即便如此，由于政府的监管严苛无比，美国的老虎机制造行业也只有四家厂商，而且多年来一直没有出现新的竞争者。

鉴于老虎机销售是一门"肥得流油"的生意，你可能会认为，在WMS暂时陷入困境期间，必然会有一家新公司趁势而起抢占其市场份额。但这种情况并没有发生，部分原因就是这个行业的监管壁垒实在太高了。

提供高等教育学位的公司，如斯特雷耶教育公司和阿波罗集团（Apollo Group）等，也需要获得教育监管部门的批准，即所谓的认证。在美国，尽管存在不同级别的教育认证，但要拿到其中最有价值的认证（让学生的学分可以更容易地被公立大学承认）绝非易事。

对教育机构而言，获得教育部门的认证本身就是一种巨大的竞争优势。对学生来说，未获认证的学校颁发的学位，其含金量远不如已认证学校授予的学位。此外，只有获得认证的学校才能接受美国联邦政府提供的助学贷款，而这些贷款又是多数非精英教育机构的一项重要收入来源，其潜在的竞争者也只能望洋兴叹。从根本上说，在这个利润丰厚的行业中，没有获得认证就无法与现存的同行们竞争，而监管机构在认证颁发方面又极为谨慎苛刻，这就形成了一个相对封闭的竞争环境。

证券评级机构穆迪公司、老虎机行业和营利性教育机构的案例都可以说明，单一许可或批准确实可以为公司带来可持续竞争优势。但这种护城河的形成并不总是依赖于某项重大的许可证,一些较为小众但同样难以获取的许可也能帮助企业开凿出一条同样宽阔的护城河。

我最喜欢的例子就是那些所谓的邻避项目经营公司("not in my backyard",直译过来就是"别在我家后院"),如垃圾场和采石场等。毕竟,谁会喜欢同它们毗邻而居呢?所以,当下正在运营的垃圾场和采石场,其价值之高就不言而喻了。因为得到新建垃圾场和采石场的审批已经成了几乎不可能的事。

和垃圾、碎石块打交道的企业虽然看着不甚讨喜,但它们仅凭数十个小众的许可证开凿出来的护城河却非常稳固。虽然一家垃圾清运公司和石料生产公司在运营前需要先通过多达数百道市级层面的审批,但另一方面,这些许可也不大可能一夜之间全部失效。

对废品管理公司(Waste Management)和火神材料公司等企业来说,这些获得了地方政府批准的垃圾填埋场和采石场之所以如此宝贵,是因为垃圾和石料本身就是地域局限性十分明显的业务。将垃圾运到离产生地数百英里[①]处倾倒,根本就无利可图,而公司也不可能在不涨价的前提下将石料运到离采石场 40 英里或 50 英里开外的地方(垃圾重量不轻,石料就更不

---

[①] 1 英里 ≈1.609 千米。——编者注

用说了)。因此,获得了地方政府许可的垃圾场和采石场,在行业里也形成了一条条小型的护城河。

与垃圾处理和石料开采行业形成鲜明对比的,是另一个同样具备显著"邻避效应"的行业——炼油业。尽管美国已经几十年未曾新建炼油厂了,而且地方政府对现有炼油厂的扩建审批也十分严格,但炼油厂整体的经济效益却远不如垃圾填埋场或采石场。原因很简单:精炼油的价值重量比要高得多,而且可以通过管道以极低的成本运出去。

因此,一旦某家地方性炼油厂试图提高油价,其他地区的炼油厂立刻就会往这里源源不断地输送汽油,毕竟这样做有利可图。因此,尽管汽油定价在不同的地区略有起伏,但炼油厂的资本回报率一般只能围绕10%上下波动,而石料生产和垃圾处理企业要好一些,其投资回报率能常年维持在15%至20%之间。

## 无形资产:护城河的第一部分

无形资产必然是看不见、摸不着的,我没办法从货架上把某个品牌或专利拿下来给你看,但它们作为竞争优势的一大来源,其价值不言而喻。评估无形资产的关键,是看它们究竟能够为公司创造多少价值，以及能够持续多久。

不能赋予公司定价权或提升客户忠诚度的品牌，不管它有多"驰名"，都不能成为一种竞争优势。同理，一项无法创造高资本回报的法定经营许可（例如炼油厂），也不具备什么价值。最后，一套一击即破、经不起任何挑战的专利组合，不管它是因为缺乏多样性，还是因为公司创新后继无力，都无法构成企业的护城河。

但如果你能够找到一家具备品牌定价权、拥有对竞争对手有极大限制的法定准入许可的企业，或者拥有多样化专利组合以及悠久的创新历史的企业，那么你就找到了一家拥有护城河的宝藏企业。

## 股票投资箴言

1. 受欢迎的品牌不一定是能赚钱的品牌。如果一个品牌不能吸引消费者花更多的钱，它就不一定能够创造出竞争优势。
2. 企业拥有专利固然很好，但专利律师可不好应付。因此，法律上的挑战是专利护城河最大的威胁。

3. 政府监管能够限制行业竞争，政府愿意给你"护身符"，这难道还不够好吗？最牢固的、基于法定许可构筑的护城河，应该是由许多看似无足轻重的小型许可共同构成的，而不是单一的某种重大许可，因为后者一旦发生变动，企业就会面临难以承受的损失。

# 第 4 章

# 转换成本

撵不走的客户才是挖不尽的金矿

你上一次更换开户银行是什么时候？

除非你最近搬家，不然我敢肯定，你的答案必然是"好久没换了"。大部分人都倾向于长期使用同一家银行的服务，所以你的"从一而终"也不算另类。与银行家聊一聊，你就会知道，客户存款的平均周转率约为15%，这就意味着客户使用一家银行账户的平均年限为6~7年。

仔细一想，这的确是很长一段时间。然而，金钱归根结底也是一种商品，而各家银行的账户在功能上并无本质差异。为什么人们在挑选银行时不会"货比三家"、来回更换以谋求更高的利率和更低的服务费呢？毕竟，有人会因为每加仑[①]汽油能便宜5美分而驱车前往好几公里外的加油站，但大老远跑一

---

① 1加仑（美制）≈3.785升。——编者注

趟下来也就能节省一两美元。然而，一个不需要你支付滞纳金之类的银行账户随随便便就能比跑几公里去加便宜汽油省下的钱多得多，那么人们为何仍然很少更换服务银行呢？

原因其实很简单。从附近的加油站换到更远但更便宜的加油站，你可能只需要多花5到10分钟，但也仅此而已。而且你能够确定的是，时间是更换加油站的唯一转换成本，因为汽油就是汽油，两家加油站的汽油大相径庭几乎是不可能的。然而，更换银行账户意味着你需要先去新银行填写一大堆开户表格，然后调整现有的各种直接存款或账单捆绑支付的合约。所以你很清楚，其中的转换成本绝对不仅仅是几分钟。关键是，更换银行还可能产生未知的新成本，比如用现有的银行账户给新账户转账时，一旦出现转账延误或错误，就可能导致本应到账的工资"不翼而飞"，或出现电费无法支付等问题。

相信你现在能够理解，为什么人们总说银行堪比印钞机了。美国各大银行的平均净资产收益率约为15%，如此高水平的盈利总是令其他行业望尘莫及。这背后的原因有很多，但最重要的是，客户更换服务银行需要承担较高的转换成本。简言之，换银行账户是一件超级麻烦的事，所以很少有人会频繁更换自己的账户。银行对此更是心知肚明，它们利用人们懒得折腾的心理，通过调低存款利息或调高服务手续费获取丰厚的利润。如果更换账户如同从一个加油站跑到另一个加油站那么简单，或许银行的这些小算盘就落空了。

如你所见，转换成本是一种非常宝贵的竞争优势，因为一旦客户无法轻易投入竞争对手的怀抱，企业就能从他们身上赚取更多的利润。当客户放弃 A 公司的产品，转而使用 B 公司的产品时，如果其获得的好处少于付出的成本，其中的"转换成本"就十分明显了。

只有亲自使用过某类产品，比如银行账户，你才有可能找到从转换成本中获益的公司，因为你必须从目标客户的角度出发，才能真正体会到成本和收益之间的差距。同其他竞争优势一样，转换成本也会随着时间的推移增强或减弱。

以小型财务软件 QuickBooks 和税务软件 TurboTax 的开发商财捷公司为例，该公司连续 8 年的资本回报率都超过了 30%。多年来，财捷公司成功抵挡住了竞争对手（其中还有微软这样的软件行业巨头）对其核心业务的渗透和蚕食，并让上述两款旗舰产品在各自的细分市场上都保持着 75% 以上的超高份额。与前文所述的银行案例一样，从表面上看，财捷公司的成功多少有点儿出人意料。毕竟，技术的发展日新月异，财捷仅凭软件的高性能貌似并不足以压制竞争对手，而且微软在打压竞争对手方面从未手下留情过。财捷长期独霸市场的秘诀，就在于转换成本。

尽管财捷的战略决策（如强调软件操作的简便性，以及提供一系列不同的软件版本以满足不同目标客户的需求等）确实让公司受益匪浅，但上述两款产品能够长期占据绝大部分市场份额的一个重要原因是，客户弃用 QuickBooks 和 TurboTax 需要付出高昂的转换成本。

假设你经营着一家小公司，公司所有的数据都已被输入 QuickBooks 财务软件，这时换成财捷竞争对手的同类产品就意味着你需要花费大量的时间重新输入数据。时间就是金钱，尤其是对身兼数职的小公司老板而言。即便新的财务软件额外提供了数据导入功能，你也得亲自审查海量数据的准确性，毕竟它们都是公司的财务命脉，容不得一点儿闪失。因此，这里涉及的时间转换成本就非常高了。

就像更换服务银行可能面临账户操作紊乱的风险那样，小公司的老板在放弃 QuickBooks 并转而使用财捷竞争对手的财务软件时，也有可能会因数据转移过程中的错误归档而导致重要财务数据丢失。对你个人来说，支票账户出错导致燃气账单无法缴纳就已经是个大麻烦了，想象一下，因记账程序未向客户开具发票而导致公司没有足够的现金支付员工工资，这会让一家小公司的老板有多崩溃？

那么，换一款财务软件对公司来说就没有一点儿好处吗？或许财捷竞争对手的财务软件更便宜，或是拥有 QuickBooks 不具备的一些功能。然而，现代会计遵循的基本原则有着约 500 年的历史，所以新的记账软件能彻底改变小企业财务管理方式的可能性微乎其微。两相权衡之下，更换财务软件的收益很难超过需要付出的转换成本，这就是财捷能够连续多年独霸市场的原因。我们也有理由相信，其霸主地位在未来多年里大概率不会被撼动。

财捷公司的 TurboTax 也是同样的情况，但因为需要输入的个人数据更少，且税务代码每年都在调整，它产生的转换成本或许要低于 QuickBooks，这使得潜在的竞争对手更容易进入该市场。但任何一款产品若想与之竞争，就必须比 TurboTax 更易用、更便宜或是功能更齐全，只有这样，才有可能让那些每年因报税而头疼不已的用户费心去学习一个新的报税软件。话说回来，大多数美国人都痛恨报税，所以人们大概率不想浪费宝贵的时间去学习如何使用全新的报税软件。

## "牵一发而动全身"

转换成本的类型其实有很多，财捷公司就是其中的一个经典案例，你可以将其视为一家通过与客户业务深度捆绑而获利的企业。小型公司之所以一直偏好使用 QuickBooks，是因为这款财务软件已成为其日常运营不可或缺的一部分，如果将其从公司的业务中剥离出来，重新启用一套全新的会计软件，这样不仅转换成本高昂，还可能增加风险。

QuickBooks 所展示的是一种最常见的转换成本，我们可以在许多公司里看到类似的情况。以甲骨文公司为例，这家公司专门为大公司提供大型数据库程序，并帮助大公司存储和检索海量数据。由于原始数据本身用处不大，甲骨文的数据库通常需要连接到其他软件程序，才能对原始数据做进一步分析、呈现和处理（想一想你在网上购买商品的体验：关于该商品的原始数据可能被保存在甲骨文的数据库中，但其他程序会将其整合在一起，然后向你展示最终下单购买的网页）。

因此，如果一家公司想要将甲骨文的数据库更换为其竞争对手的产品，那么它不仅要将所有的原始数据从原数据库中分毫不差地转移到新数据库，还需要将新数据库与各种其他程序重新绑定。这一过程不仅费时费钱，还潜藏着极高的风险——数据库的转移不一定百分之百成功，一旦出现失误，公司的业务就会出现大规模中断。因此，要让一家公司心甘情愿地卸载甲骨文数据库，转而安装另一个新数据库，它就必须在性能或价格上大大超越甲骨文。

数据处理公司和证券安全监护软件公司的情况与甲骨文大同小异。费哲金融服务公司和美商道富集团等主要为银行和资产管理公司提供后台数据处理服务的企业，它们的任务就是帮助客户完成所有繁重的数据处理和记录保存工作，以确保银行和资产管理公司顺畅运行。这些公司与客户业务的紧密捆绑保障了双方合作的稳定性，所以它们经常自诩拥有"高达95%以上的客户留存率"，这类企业大部分的业务收入也因而具备了年金的性质。

想象一下，如果一家银行在一天营业结束后盘账时发现收支不平衡，或是一家大型财富管理公司的客户收到一份资产定价有误的报表，这会造成多大的恐慌和混乱。再加上后台数据处理出错引发的客户不满，在这种情况下企业要承担的损失远超任何金钱或时间方面的成本。难怪这些软件公司考虑的重点并不在于"能不能赚钱"，而在于如何开发新客户，因为几乎每个签约客户都不会无故弃用现有的数据托管或处理服务供应商。

转换成本带来的竞争优势并非服务类企业或软件公司所独有。以美国精密机件公司为例，它专门销售用于喷气式飞机发动机和发电厂涡轮机的高科技超强度金属部件。我们不难想象，这类产品的故障容错率有多低：发电厂的蒸汽涡轮机重达200多吨，每分钟旋转3 000转，一旦涡轮机叶片破裂，损失将难以估量。另外，如果喷气发动机在9 000多米的高空发生故障，那么后果更是不堪设想。

因此，美国精密机件公司与一些客户的合作超过30年也就不足为奇了，其工程师也经常参与客户的工作，比如与通用电气等公司一起设计新产品等。我们可以分析一下通用电气转换供应商的成本效益问题。只要美国精密机件公司能够持续保持其产品质量的高水准，那么通用电气选择新供应商时唯一需要考虑的问题就是采购成本。因此，如果放弃美国精密机件公司转而选择其他供应商，通用电气或许能够降低涡轮机和喷气发动机的造价，并在销售产品时获得更多的利润。

然而通用电气的转换成本是什么呢？首先是不容忽视的显性成本：新供应商需要花时间去了解通用电气的产品，这方面美国精密机件公司早已了如指掌。在这个案例中，真正的转换成本其实是风险。涡轮机或喷气发动机对故障的容错率极低，对通用电气而言，如果更换部件供应商的代价是产品故障风险增加，那么制造成本的降低也将没有任何意义了。毕竟，只要一个金属部件出现故障，通用电气多年积累的良好口碑就会付诸流水，这将严重影响其产品在未来的销售。

基于这些考量，美国精密机件公司完全可以只通过金属部件销售赚取相当丰厚的利润，部分原因是其客户必须先找到与它同样可靠的供应商（该供应商还需要以更低的价格供货），才有可能通过更换供应商来降低成本。多年来为客户稳定提供高质量金属部件而形成的转换成本，就是美国精密机件公司的竞争优势。

## 转换成本无处不在

转换成本的奇妙之处在于，它普遍存在于各行各业。回到软件行业，奥多比系统公司的护城河同样源自其转换成本。各大院校的设计师新秀使用的入门软件就是奥多比系统公司的 Photoshop 和 Illustrator，这两款软件非常复杂，这就让客户更换软件时不得不花费大量时间从头学起。另一家软件公司欧特克也拥有类似的转换成本护城河，该公司推出的 AutoCAD 数字设计软件被广泛应用于桥梁和建筑等各种人工设施设计。大多数工程师在大学时期就已经学会了 AutoCAD，而他们未来的雇主也不愿意启用新的设计软件，毕竟重新培训员工需要付出不菲的时间和精力，也会让公司的生产效率受到影响。

回到金融服务领域，资产管理公司的转换成本与银行有些相似。客户投入共同基金或财富管理账户的资金通常会被留存多年（我们将其称为黏性资产），并会连续多年为财富管理公司带来收入。例如，在共同基金行业深陷择时交易丑闻期间，一些资产管理公司被曝出涉嫌违法操作，尽管诉讼费和客户赎回资金给它们造成了较大的损失，但其账户中依然有足够的留存资金，公司的收益仍有一定的保障。

尽管共同基金账户在不同资产管理公司之间转换的成本低于更换银行账户产生的成本，但在大多数人看来，这样做没有明确的好处。转移基金账户的前提是客户要先说服自己：陌生的新基金经理比已经熟知的基金经理更优秀。但这等于变相地承认他们当初在选择基金经理时眼光不行，大多数人在心理上都不太乐意承认自己的错误，因而更倾向于让资产保持不动。就基金而言，直接的转换成本或许不高，但转换带来的益处实在难以确定，因此大多数人都会选择"躺平"，让资金留在原来的账户中。

在能源行业，丙烷分销这个常见业务的转换成本相当高。在美国的许多偏远地区，由于天然气管网未覆盖到位，很多人都会从就近的丙烷供应站采购取暖和烹饪所需的瓶装燃气。一般来说，这些储气罐不属于客户，而是由丙烷供应公司以租赁的形式提供。因此，如果出现了供气价格更低的丙烷经销商，

第 4 章 转换成本

而且原供应商也收到了客户要求取消服务的电话，那么原供应商就必须与新供应商交换储气罐，这可是个大工程。

此外，客户在更换丙烷供应商时，原供应商通常还会收取一笔手续费，这使得客户频繁更换供应商的意愿进一步降低，同时也赋予了地方经销商相当大的定价权，他们的高资本回报率就是最好的证明。

在医疗保健领域，生产实验设备的公司往往也能够从转换成本中受益。例如，沃特世公司专门生产一种执行液相色谱法（LC）的精密仪器，而且售价不菲。液相色谱是一种物理分离技术，可以将混合物按照不同的化学成分进行分离，通常用于产品的纯化和质量控制，例如用来检测水中的污染物或油液中的杂质。一家公司若想换掉沃特世生产的液相色谱设备，不仅需要斥巨资购买一台新设备（售价在5万美元到10万美元之间），还需要就新仪器的使用方式对实验室的技术团队进行培训，这样做不仅浪费时间，还可能导致效率下降。由于液相色谱设备需要持续使用耗材，沃特世更是从中获得了丰厚的利润。为什么这些转换成本能帮助沃特世实现超过30%的可观投资回报，看到这里想必你已心知肚明。

你可能已经发现，前面的案例中没有提到消费者导向型公司，如来自零售行业、餐饮业和包装消费品行业的诸多企业，因为转换成本过低是这类企业的通病。无论是从一家服装店走到另一家服装店，还是在杂货店选择不同品牌的牙膏，这些转换都毫无成本。这就导致零售商和餐馆很难围绕其业务开凿护城河。尽管沃尔玛和家得宝等零售商可以凭借自身较大的企业规模形成护城河，蔻驰等时尚品牌还可以利用强大的品牌号召力创建护城河，但总体而言，消费品行业公司的转换成本都是比较低的。

对某项产品或服务的转换成本形成充分的认识并非易事，因为它需要建立在客户体验的基础上，但如果你并不是这项产品或服务的客户，那么你识别这些转换成本就很有挑战性了。不过，企业依赖转换成本建立的经济护城河可能非常强大和持久，所以也值得我们花费时间和精力去研究。希望本章提供的案例能给诸位带来一些启发和灵感。

在下一章中，我们将论述竞争优势的第三个来源。很多人或许会将网络效应视为另类的转换成本，但作为一种与众不同、潜能无限的经济护城河，网络效应完全值得我们为它单开一章。

## 股票投资箴言

1. 如果一家公司能够让客户很难使用竞争对手提供的产品或服务，它就获得了转换成本的优势。一旦客户不愿意转投他人的怀抱，公司就可以收取更高的费用，这有助于维持高资本回报率。
2. 转换成本多种多样，比如与客户业务紧密捆绑形成的成本、金钱成本或重新培训的成本等。
3. 你的开户银行就是转换成本的最大受益者之一。

# 第 5 章

# 网络效应

强大到不可忽视

那些朋友遍天下的人总是令我惊叹不已。你身边或许就有这样的交际达人，他们能毫不费力地跟其他人打成一片，然后拿到一大摞名片，并最终建立起一张庞大的人际关系网。这也使他们成了其他人想要结交的对象，因为他们认识的人越多，能够互惠互利的资源就越丰富。随着人脉的不断增加，他们的社会价值也在不断加码。

企业同样能够从网络效应中获益，即其产品或服务的价值将随着用户数量的增加而得到提升。尽管这听起来可能非常简单，但要做到这一点却相当不容易。想想你最喜欢的餐馆，对你而言，其价值就在于它能以合理的价格为你提供美味佳肴。在你看来，餐馆里人多还是人少可能不是很重要，事实上，你可能更希望里面不要人满为患。所以，这家餐馆提供的服务价值与就餐人数几乎毫无关联。

现在不妨再想想那些著名的国际大公司，比如道琼斯工业平均指数的成分股企业（我在表5-1中列出了一些道指成分股公司）。埃克森美孚公司如何？这是一家令人眼红的公司，它销售石油和天然气制品赚到的利润远远超过了发掘这些能源的成本。对它来说，客户自然是多多益善，但客户在选择加油站时，或许根本不关心加进车里的汽油是否由埃克森美孚生产。再来说花旗集团。企业不可能因为同行们都在用花旗银行而选择它，而是因为花旗银行提供的贷款利率更有吸引力。沃尔玛是否具备网络效应带来的优势呢？同样没有，尽管这家连锁零售巨头利用规模效应有效地降低了成本，但人们去沃尔玛买东西不是因为其他人都去，而是因为那里的东西物美价廉。

表 5-1 道琼斯工业平均指数的成分股企业

| 公司名称 | 所属行业 | 股票代码 |
| --- | --- | --- |
| IBM | 计算机设备 | IBM |
| 波音 | 航空与国防 | BA |
| 3M | 多种工业制造 | MMM |
| 埃克森美孚 | 石油和天然气 | XOM |
| 联合技术公司 | 多种工业制造 | UTX |
| 卡特彼勒 | 工程建筑设备 | CAT |
| 宝洁 | 家庭和个人日用消费品 | PG |

续表

| 公司名称 | 所属行业 | 股票代码 |
| --- | --- | --- |
| 奥驰亚集团 | 烟草 | MO |
| 美国国际集团 | 保险 | AIG |
| 强生 | 制药 | JNJ |
| 霍尼韦尔 | 多样化经营 | HON |
| 美国运通 | 信用卡 | AXP |
| 可口可乐 | 饮料生产 | KO |
| 麦当劳 | 餐饮 | MCD |
| 默克制药 | 制药 | MRK |
| 惠普 | 计算机设备 | HPQ |
| 杜邦 | 化工 | DD |
| 花旗集团 | 国际化银行业务 | C |
| JP 摩根 | 国际化银行业务 | JPM |
| 威瑞森通信 | 电信服务 | VZ |
| 沃尔玛 | 折扣商店 | WMT |
| AT&T | 电信服务 | T |
| 通用电气 | 多样化工业制造 | GE |
| 美国铝业 | 铝业 | AA |
| 通用汽车 | 汽车制造 | GM |
| 华特迪士尼 | 媒体综合业务 | DIS |
| 家得宝 | 家具建材 | HD |
| 微软 | 计算机软件 | MSFT |
| 英特尔 | 半导体 | INTC |
| 辉瑞 | 制药 | PFE |

继续以道指成分股企业为例，美国运通有没有享受到网络效应带来的好处呢？答案是肯定的，我们终于碰上一位凭借网络效应"发家致富"的选手了。美国运通卡的确为其用户提供了超值的奖励和使用优惠，这也帮助它在信用卡市场竞争中脱颖而出，但如果没有被数以百万计的消费场所接受，那么即使它提供三倍的优惠，恐怕也很难吸引用户。庞大的商户网络成了美国运通卡的独家竞争优势，这使其他信用卡公司很难抢占其市场份额。接受美国运通卡付款的地方越多，其价值就越高，这也是美国运通大力布局便利店和加油站等小商户的重要原因。

美国目前有多少家企业已形成大规模的信用卡网络呢？排名前四的公司有维萨、万事达、美国运通和发现卡，它们占据了美国信用卡总消费额的85%，如此高的市场集中度实属罕见，但这也揭示了网络效应可以成为极其强大的竞争优势的一个根本原因：拥有网络效应的公司，往往更容易形成自然垄断和寡头垄断。经济学家布莱恩·阿瑟就曾一针见血地指出："网络本身就是稀缺之物。"

这个论断很有道理，如果用户数的增加能提升一种商品或服务的价值，那么通过网络效应吸引最多用户的产品必然是最有价值的。由此形成的良性循环将会把小型网络挤出市场，并扩大主导型网络的规模。规模的进一步扩大将强化该企业的市场主导地位，这听起来简直是一种势不可当的竞争优势。

话说回来，网络效应的本质意味着能从网络效应中受益的公司数量不会很多，因为网络倾向于围绕行业主导者进行整合。我们可以用一个简单的方法来验证这个理论的准确性，即看一看道指成分股企业中有哪些能从网络效应中受益。

结果显示，只有两家公司的竞争优势主要源自网络效应，即美国运通和微软。我们已经在上文讨论过美国运通的护城河，但微软或许能令我们更容易理解网络效应带来的收益：很多人之所以选择微软的 Word、Office 和 Windows 产品，恰恰是因为其他人都在用。

很难直接断定 Windows 就是计算机操作系统的天花板，但其庞大的用户群意味着，要在当代美国企业界生存，你必须懂得如何操作安装有 Windows 的计算机，Word 和 Excel 也是一样的情况。即使某个竞争对手在一周后推出了使用起来比 Windows 简单 5 倍、价格只有 Windows 一半的计算机系统，恐怕它也很难打开市场，因为 Windows、Excel 和 Word 已经成为全球脑力劳动者的共同办公语言（不管你是否接受这个事实）。

事实上，Office 的竞品 OpenOffice 已经上市好几年了，而且售价远低于 Excel 和 Word（实际上相当于免费），所以它在价格方面具备了旁人难以匹敌的优势。此外，其文字处理和电子表格程序在外观和使用感上与 Word 和 Excel 也十分相近，文件也（基本上）能与微软的同类产品兼容。我试用过 OpenOffice，感觉还不错，但它同微软 Office 之间仍存在一些细微的差异，而且，在其他人都使用微软 Office 的情况下，没人愿意浪费时间去另行选用一个可能无法与他人共享文件的程序，这也是它无法在主流企业市场占据较高份额的原因。

如果一款免费且优质的竞品不能撼动微软的市场份额，那么可以确凿无疑地说，微软拥有强劲的竞争优势。

在对道指成分股企业进行简要分析之后，我还发现了一个有趣的事实，即美国运通和微软均来自相对较新的行业。信用卡的历史只有短短几十年，而个人计算机产业的面世时间还要更短一些。看看这些以网络效应为运营基础的公司，你会发现这种现象绝非偶然。相较于以有形资产为基础的公司，网络效应在以信息或知识转移为基础的公司中更为常见。

之所以出现这种情况，是因为信息就是经济学家门中的"非排他性"商品。市面上的大多数实物产品通常一次只能供一个人使用：假设我从卡特彼勒买了一台大型推土机，在我用它挖地基的时候，其他人就不能使用（这类实物商品也被称为"排他性"商品）。然而，在我使用美国运通的支付网络时，数百万其他持卡人也可以同时使用。此外，他们还可以同时使用纽约证券交易所（NYSE）来了解美国运通的股价。一个人使用美国运通信用卡或登录纽交所，并不会妨碍其他人在同一时间访问这些网络。事实上，使用这些网络的人越多，它们对其他人而言就越有价值。

总而言之，相较于排他性（实物）商品行业，网络效应在以信息共享或用户连接为基础的行业中表现得更加明显。我们随后会讲到，这不是什么特例，而是一条较为实用的经验法则。

为何网络效应可以成为如此强劲的竞争优势，想必你已经很清楚了：让用户看到新网络的更多价值并转投其怀抱的前提是，竞争公司能够复制（或至少能接近）现有行业巨头的网络，但这实际上很难做到。在本章后续探讨的金融交易所案例中，你就会发现，要实现这一点，"天时、地利、人和"缺一不可。此外，建立在网络效应基础上的企业通常具备长期的可持续性。要理解这背后的逻辑，我们不妨看看易贝的发家史，这家公司充分体现了网络效应的强大威力。

## 网络的力量

用"主导"一词描述易贝在美国线上拍卖市场的绝对统治地位，就好比轻描淡写地用"还不错"来评价安塞尔·亚当斯为美国国家公园拍摄的绝美照片，因为"主导"二字远不足以形容易贝在业内的霸主地位。在撰写本书期间，易贝在美国网上拍卖业内至少吸引了85%的流量。可以肯定的是，相较于竞争对手，访问易贝网站的用户单次交易金额更大，而且下单的概率更高。所以，易贝在线上拍卖交易额中的占比很可能远不止85%。从上文描述的网络效应的角度看，这里面的原因很简单：买家登录易贝是因为有卖家，而卖家使用易贝是因为能找到买家。

即使竞争对手明天就推出一个交易费仅为易贝零头的网站，它收割大批流量的可能性也不大，原因有很多，没有买家和卖家就是其中之一。新网站用户量稀少，这意味着第一批吃螃蟹的买家无法享受到易贝提供的福利，比如对交易的反馈评级，此外，用户在新网站上无法知道哪些用户是值得信赖的交易对象，而且他们也无法确保自己能获得最优惠的价格。我曾向一位应聘晨星公司分析师职位的人问过这么一个问题："如果我现在是你的风险投资人，承诺给你提供足额的资金支持，唯一的要求是在美国本土市场打败易贝，你会怎么做？"冥思苦想一阵之后，他回答说："我还是把钱还给你吧！"易贝在美国市场上的统治地位可见一斑。

然而，易贝也没能在所有市场上都做到战无不胜，简单分

第5章　网络效应

析其中的缘由，或许我们能够加深对网络效应的了解。易贝在日本几乎没有任何生存空间，因为雅虎早已占据了绝大部分线上拍卖的市场份额，其背后的原因比你想象的还要简单：雅虎拍卖登陆日本市场的时间比易贝早 5 个月，并在这段时间里迅速吸引了一大批买家和卖家。此外，雅虎还在日本高瞻远瞩地投放了大量广告，并且在运营初期不收取客户任何费用，这两点都帮助它更快地招揽到第一批至关重要的用户。易贝在美国市场凭借网络效应"发家致富"，雅虎在日本则如法炮制，最后成功占据了日本网上拍卖市场的主导地位。所以在易贝登陆日本市场之际，雅虎早已稳坐钓鱼台了。在此之后，易贝在日本市场同雅虎掰了好几年手腕，但终感力有不逮，最后彻底退出了日本市场。

如果说易贝在美国的成功和在日本的失败都充分论证了市场先行者利用网络经济建立自身竞争优势的可行性，那么它在中国市场的惨败则表明，并非抢先一步占领市场就能高枕无忧，即便是基于网络效应的护城河，也会在某些特定情况下变得形同虚设。曾经，易贝是中国最大的线上拍卖网站，拥有近 90% 的流量份额。然而，一家本土竞争者（淘宝）横空出世了，它不仅免除了卖家的开店费，还推出了一些特别适合中国市场的功能，易贝的市场份额因而迅速流失，最终黯然退出了中国市场。

这个案例的教训是：在一个快速增长的市场中，消费者对新型服务（线上拍卖）的喜好仍未确定，在这种情况下，网络效应带来的竞争优势仍可能在竞争对手的攻击下土崩瓦解。当然，易贝在面对竞争威胁时反应迟缓也是一大原因。还需要注意的一点是，易贝的竞争对手是一家具备本土优势的中国公司。

说完了易贝，我们再来看看网络效应在其他行业中的表现。作为针对各种有形商品的在线交易平台，纳斯达克、纽交所和芝加哥商品交易所等金融交易市场同易贝相比其实并没有太大区别。因为和易贝一样，这些金融交易所都是从网络效应中获得收益的机构。但是，两者之间存在的一些关键差异能帮助我们进一步了解网络经济何时能发挥最大的作用，何时又毫无用武之地。

金融交易所利用网络效应的机制很简单：交易所聚集的买家与卖家越多，交易参与者以理想的价格买进心仪资产的概率就越大。用金融领域的行话来说，买家与卖家的数量越多，资金的流动性就越大。这种流动性同时具备广度和深度。就广度而言，可以交易的资产种类变得越来越多了；就深度而言，交易参与者可以在不影响大盘报价的情况下交易大量资产。

发挥网络效应的魔力，建起一个兼具广度和深度的流动性

"蓄水池",然后就可以坐等利润滚滚而来,这门生意听起来确实不错。芝加哥商品交易所和纽约商品交易所等期货交易所的盈利方式就是如此。二者都是利润极为丰厚的机构,都凭借网络效应带来的流动性构筑起了宽广的护城河。然而不幸的是,现实情况要复杂得多。因为以股票交易为主的交易所,如纽约证券交易所和纳斯达克,尽管也建起了兼具广度和深度的流动性"蓄水池",但它们的竞争优势要弱得多。

近年来,随着竞争的加剧,证券交易所的资本回报率实际上正在不断下降,而期货交易所则一如既往地保持着强劲的盈利能力。原因在于,期货合约普遍受制于单个交易所,即在纽约商品交易所或芝加哥商品交易所买入的期货合约,必须在买进的交易所卖出(背后的原因很复杂,你只需要相信我说的话就行了)。期货交易所对每笔交易都有更多的控制权,所以它们自然可以从市场参与者身上榨取更多价值。

然而,投资者可以自由选择不同的交易所进行股票买卖,这就导致股票交易所之间激烈的价格竞争。比如,某位专业的投资者可能在纽约证券交易所买入了1 000股IBM的股票,此后,他完全可以在其他六家交易所中选择一家抛出股票,只要价格更有优势即可。由于IBM股票的流动并不局限于任何一家交易所,因此没有一家股票交易所能像期货交易所那样享受网络效应带来的垄断优势。

上述案例提供的经验是：要想从网络效应中受益，企业就必须创造一个封闭的网络。封闭的网络一旦被打破，网络效应就会在一夜之间消散殆尽。因此，在评估一家公司能否从网络效应中受益时，不妨问一下：在什么情况下，这个网络会向竞争者敞开大门？

除了金融交易所，我们也能在许多其他行业和领域内看到网络效应的身影。主营汇款业务的西联汇款就是一个很好的例子，对用户而言，其经营网络的价值体现在以下方面：西联汇款的网络规模虽然是紧随其后的竞争对手的3倍，但它处理的交易量却是后者的5倍多。换句话说，西联汇款在每个营业点的平均业务量都更多，因为它的服务所覆盖的地理范围比其竞争对手更广。

这也是以网络效应为基础的业务所具备的一个共性：网络的规模及其带来的收益并非呈线性关系，即网络创造的经济价值的增速要远快于网络绝对规模的扩大速度。通过表5-2和图5-1，诸位对此会有更直观的理解，我们将网络节点数量（即西联汇款的网点数量）与这些节点之间的连接数量进行了对比。

表 5-2 节点数的少量增加带来连接数的大幅上涨

| 节点数 | 连接数 |
|---|---|
| 2 | 1 |
| 3 | 3 |
| 4 | 6 |
| 5 | 10 |
| 10 | 45 |
| 20 | 190 |
| 30 | 435 |
| 40 | 780 |
| 50 | 1 225 |

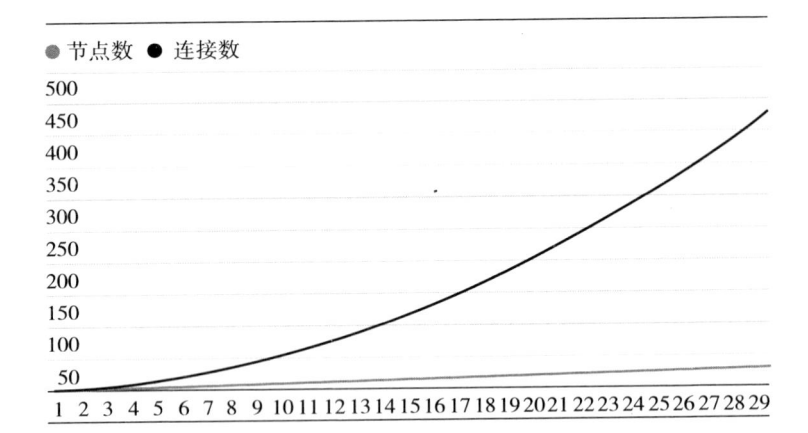

图 5-1 节点数与连接数增幅对比

可以看出，随着节点的增加，连接数量的增长速度快得令人难以置信。从实际层面看，其背后带动的经济效益是相当可观的。如果一家网络效应型公司能再增加50%的投资资本，将节点数从20个提升到30个，那么连接数量将增加近130%，即从190个增加到435个。

当然，进行此类分析要小心谨慎，因为网络中的每个连接不一定会对所有的用户都产生同样的价值。回到西联汇款的例子，假设西联汇款在墨西哥各地设有大量的分支机构，对居住在芝加哥皮尔森地区的居民而言，这些网点提供的服务是非常有价值的。因为此处居住着大量墨西哥移民，他们与故土的联系必然很紧密。另外，如果皮尔森地区的居民需要向迪拜或达卡汇款，那这些节点之间的连接对他们而言就没有太大价值了。

由此可见，对用户而言，网络的价值更多源自其连接数，而非节点数。然而，当网络的连接数变得异常庞大时，连接数带来的价值提升将会放缓。

下一组关于网络效应的案例来自一个利润丰厚但鲜少有人关注的行业：第三方物流。这个行业虽然看起来平平无奇，但高达40%的资本回报率和持续十多年20%~30%的年增长率应该能让你兴趣倍增。诸如美国康捷国际货运和罗宾逊全球货运这样的公司是如何取得如此骄人的业绩的？秘诀就在于这些公司基于网络效应形成的护城河。

这两家公司的主营业务都是为托运人和货运公司牵线搭桥，我们可以将其视为"货舱经纪人"。罗宾逊全球货运主营的是卡车运输，专门对接有运货需求的公司和希望尽可能让车辆满载运输的卡车运营商。与罗宾逊全球货运建立合作关系的托运商越多，该公司对渴求货运业务的卡车运输公司的吸引力越大，反之亦然。这不仅是网络效应的一个典型案例，也是一项非常强大的竞争优势。

康捷国际货运的情况则略有不同，这是一家主营跨国运输业务的公司，但它不仅仅要对接托运人和运货商，还需要满足客户在规定时间内完成货物跨境运输的需求，同时负责运输过程中的所有细节。因此，康捷国际货运不仅要代表客户购买飞机或轮船的仓位并负责货物装卸，还要处理货物从始发地运往目的地期间发生的各类大小事务，如海关查验、关税申报和仓储等。

康捷国际货运的护城河源于其遍布世界各地的分支机构网络，这使其能够更有效地为客户提供服务，因为无论客户需要把货物运到哪里，发货地和目的地都设有该公司的分支机构。康捷国际货运的财务信息也充分论证了这套网络经营策略的有效性。假设更大规模的网络覆盖意味着它可以通过每个分支机构运输更多的货物，那么新分支机构将会给现有网络带来更多的货物运输量，并提升每个分支机构的营业额。事实证明，情况正是如此（详见图5-2）。

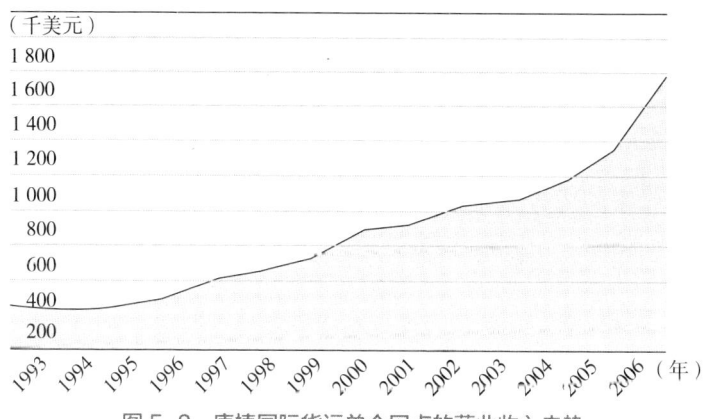

图 5-2　康捷国际货运单个网点的营业收入走势

最后，让我们再看一个案例，这家公司很像本章开篇提到的那些"八面玲珑"的企业。企业高管委员会（Corporate Executive Board）的主营业务是为大型公司提供最佳实践研究报告，通过分享其他公司摆脱困境的成功经验，帮助企业高管解决他们面临的类似问题。其运作模式也充分体现了网络效应的特点：加入这个委员会的公司越多，它就越有可能为其成员提供有效信息，还能通过群策群力，帮助成员一次性解决问题。

假设你是一家大公司的高管，时间对你来说异常宝贵，你会加入哪种交际网络呢？当然是一个汇集了一大群"同道中人"的网络，因为他们都可能是潜在的竞争对手，你可能想了解他们的想法和动态，并借助别人的经验走到前面。任何潜在的竞争对手若想同企业高管委员会一争高下，就需要先复制其网络。但只要后者的企业网络还在持续扩张，前者获胜的希望就很渺茫。

如你所见，网络效应是一种相当强大的竞争优势，但网络效应带来的优势也并非永远不可逾越。只是在大多数情况下，竞争对手很难突破这道防线，这是一条很难被发现的护城河，然而一旦找到，它就会为你带来超乎想象的回报。

### 股票投资箴言

1. 当产品或服务的价值随着用户数量的增加而提升时，企业就能从网络效应中获益。信用卡公司、网上拍卖企业和一些金融产品交易所就是典型的例子。
2. 网络效应是一种极为强大的竞争优势，在以信息共享或用户连接为基础的企业中表现得最为明显，但在从事实物商品交易的公司身上则表现平平。

第 6 章

# 成本优势

流程优化、区位优势、独家资源

截至目前，关于竞争优势来源的所有论述都聚焦于价格，或者说聚焦于公司能从客户身上攫取多少价值。无形资产、转换成本和网络效应，这些都能抬高公司产品或服务的定价。当然，说到价格就免不了要提及成本，只要一家公司能够长期以低于竞争对手的成本提供产品或服务，那么它也能为自己挖出一条护城河。

有时候，成本优势可以经年累月地持续，但有时也可能昙花一现。作为投资者，你需要判断一家公司的成本优势能否轻易被复制。在过去的几年里，有很多公司都在鼓吹自己的"降本"秘诀，比如把呼叫中心或生产工厂搬到中国、印度、菲律宾等人力成本更低的国家和地区。在企业的某位中层管理人员提出将公司的低端部件生产外包给一个劳动力成本降低了80%

的供应商时，公司管理层都为之雀跃，似乎大家的智商都跟着翻了一番。

这算不得什么高明的计策，也不可能变成长期可持续的竞争优势，因为这些低成本外包商乐于为任何找上门的买家提供服务。假设一家汽车零部件供应商开始从中国采购低附加值的零部件，那么它的竞争对手联系上同一家中国供货商并建立类似的供应关系又需要多久呢？不可能太久，因为在利润至上的商品行业里，对成本支出较高的生产商而言，等待的时间越久，它可能失去的市场份额就越大。在一个全球化的经济体系中，价格敏感型行业的公司维持经营的唯一途径，就是竭尽全力地将成本降到最低。

在价格决定客户购买意愿的行业中，成本优势必然最为紧要。尽管这些行业通常被视为"商品行业"，但也有例外。英特尔公司的成本优势显然远超美国超微半导体公司，但严格来说，微处理器算不上商品。（从技术上讲，商品指的是除价格外没有任何差异化因素的产品。）

在我看来，要确定成本优势可能会在哪些行业发挥重要作用，判断替代品是否唾手可得是一个有效的方法。英特尔与超微半导体公司生产的芯片肯定存在差别，但对用户来说，谁的性价比更高谁的产品就可能获得青睐。英特尔的长期成本可能更低,但如果超微半导体公司的芯片性能更好(一段时间以来的确如此),那么用户也可能不时地"舍低价而求高价",转而选用后者的芯片。

不管你相信与否,这个规律既适用于芯片这样的"小东西",也适用于窄体飞机这样的"大家伙"。尽管波音737和空客A320都是构造复杂的庞然大物,但从航空公司的角度来看,它们没有本质的不同:两者续航里程差不多,载客量也大致相同。因此,在购买新飞机时,航空公司更看重的是哪家制造商(波音或空客)能给出更优惠的价格,并据此做出采购决定。[①](当然,美国西南航空和美国捷蓝航空公司等一贯只使用一种机型的公司不在此列。)

美国汽车制造商与日本汽车制造商之间的比拼,也大多落在价格战上。当然,没人会将福特金牛座和本田雅阁混为一谈。鉴于二者的功能基本相同,因此成本更低(故障率也要更低)的一方就能在市场上胜出。成本对汽车制造商来说非常重要,因为价格是影响汽车买家选择的一个关键因素。

成本优势可能有四个来源:更低的流程成本、更优越的地理位置、更独特的资源和更大的规模。考虑到基于规模的成本

---

① 新型的波音787采用了空客不具备的诸多新技术,因此可能打破价格制胜的格局。不过,旧型号的喷气式飞机还是靠低价赢得竞争。

优势本身可以表现为多种形式,而且理解这方面优势对企业至关重要,所以我将在第 7 章专门论述,以帮助诸位了解什么时候规模越大就越好。下面,让我们先了解一下成本优势的其他三个来源。

## 可复制的流程优势

流程优势之所以有趣,是因为从理论上讲,它持续的时间通常不会太久,不足以让公司获得竞争优势。毕竟,如果一家公司找到了以更低成本提供产品或服务的办法,其竞争对手也会迅速行动,立即复制这个流程,从而让自身的成本结构向行业的领先者不断靠拢,这一点没什么疑问。通常情况下,竞争对手有样学样的情况最终确实会发生,但所需时间可能比你想象的要长得多。因此,我们需要理解的问题就变成了:为何流程的复制通常需要较长的时间,而在此期间,低成本流程的创始者可以获利颇丰?

我不想再喋喋不休地复述戴尔如何通过流程把控获得成本优势,以及西南航空如何利用廉价机票策略取得成功的故事了,因为我相信你对这些早就耳熟能详了。戴尔踢开了分销商,选择了客户直销,并以按订单生产个人计算机的模式实现了库存最小化。西南航空采用单一机型,缩短了地面停留时间（用航空术语来说就是快速周转）,并打造了全员勤俭节约的企业文化。

然而,真正有趣的并非戴尔公司如何低成本销售个人计算机,或西南航空如何做到低价销售机票,而是在低价策略已经尽人皆知的情况下,二者如何还能保持市场霸主的地位。两家公司给出的答案或许不同,但都很有启发性。

就西南航空而言,其他老牌航空公司（航空巨头）没有照抄其廉价竞争策略的原因有很多。首先,老牌航空公司严苛的工会结构意味着它们的飞行员不可能帮助地勤人员清理飞机,因此也无法缩短地面时间。其次,老牌航空公司需要支付高昂的中转站维护费用,照搬西南航空的点对点航线模式,将意味着它们无法从利润丰厚的国际航线中获利。再次,西南航空对乘客秉持一视同仁的政策,不设定单独的贵宾仓,也不接受座位指定,在一贯崇尚区别对待、差异收费的航空业里,老牌航空公司要获得西南航空的成本优势,就需要先颠覆自身的传统经营模式,而改变一个企业的经营作风从来都不是件容易的事。

然而,为何其他几十家新成立的航空公司抄袭了西南航空的做法却未能成功？部分原因在于,西南航空已经率先锁定了二线机场的大部分飞行时段。还有一部分原因则是西南航空非常有先见之明地锁定了新飞机的持续供应，而新飞机的运营成本要远远低于二手飞机。最后一个同样重要的原因是，在老牌航空公司意识到其威胁性之前，西南航空已然羽翼丰满，等到老牌航空公司反应过来时，它已经建立了足够的规模优势。但对后来成立的航空公司而言，现有的航空巨头在重叠航线上大肆压价就已经将它们扼杀在摇篮阶段了。由于新航空公司往往只有几条航线，根本无法承受不断加剧的长期亏损，最终只能关门大吉。

正如老牌航空公司只能坐视西南航空蚕食低端市场份额那样，老牌的个人计算机制造商也拿戴尔毫无办法。老牌个人计算机制造商的销售模式是：经销商和零售商从制造商手里拿到计算机，转手销售给终端用户，它们在分销链中扮演了举足轻重的角色。不管是IBM还是康柏，任何试图照抄戴尔直销模式的计算机制造商都必须先颠覆自身的分销模式，才能在同等条件下与戴尔比拼，而前面的例子已经证明，自我颠覆并非易事。那么，为什么新成立的计算机制造商也没有成功照搬戴尔的商业模式呢？

事实上，有两家个人计算机公司——美光和捷威（Gateway）——曾在20世纪90年代尝试复制戴尔的商业模式，但最终都没能成功。原因在于，同时经营着多条业务线的美光分身乏术，无法有效地复制戴尔超高效的直销供应链。而捷威独辟蹊径，走铺设专营零售店的销售模式，寄希望于直接打入终端消费者市场。我们现在或许很难想象，早在1996年左右，捷威就已经在市场规模和盈利能力上做到了同戴尔平分秋色。但后来戴尔选择继续优化直销链，将库存量削减到了令人难以置信的低水平，而捷威则将专卖店开进了沿街商业区，两家公司在经营模式上自此分道扬镳。

不过，在盖棺定论之前，让我们再看看依靠经营流程获得成本优势的另外两家公司。纽柯钢铁公司和钢铁动力公司主要经营小型钢厂，在没有外部技术支持的情况下，其炼钢工艺所需成本却比美国钢铁公司和伯利恒钢铁公司等老牌综合钢厂要低得多。纽柯公司创建于1969年，它通过生产低档钢材进入钢铁市场，并以更低的成本和更灵活的生产方式迅速抢占了大型综合钢厂的市场份额。钢铁动力公司由纽柯的前员工创办于20世纪90年代中期，目前是美国成本最低的钢铁生产商，其基本工艺流程与纽柯相同，但技术却领先纽柯25年。

在这个案例中，纽柯钢铁公司和钢铁动力公司都采用了老牌综合钢厂无法付诸实践的新技术，因为老牌钢厂已经在现有的生产流程上投入了几十亿美元，"推陈出新"的沉没成本过高。尽管钢材市场的许多后来者可以照搬（也确实这么做了）这两家公司小型钢厂式的运营模式，但由于经营成本高昂的老牌钢铁企业已经在成本竞争中被迫割让了足够多的市场份额，纽柯钢铁公司和钢铁动力公司依然能跟新的市场进入者一起收割相当可观的资本回报。

那么，这几家曾利用低成本流程创造了竞争优势的公司，即西南航空、戴尔、以纽柯和钢铁动力为代表的小型钢厂，现在发展得怎么样了呢？它们依然收益颇丰，但和5年或10年前相比，它们依赖低成本流程建立起的护城河优势已逐渐式微，原因何在？

西南航空目前的成本结构依然低于其他大型航空公司，对以廉价机票发家的它而言，降低成本并非难事。然而，捷蓝航空和穿越航空已经成为它在低端市场的强劲对手，因为二者现在也能购得更新的飞机，占据二线机场的部分廉价航空时段。此外，很多大型航空公司的经营状况每况愈下，全部心思都放在了维持生存方面，根本腾不出手来打压后起之秀，这也为低成本航空公司扩大规模提供了机会。于是，新涌现的低成本航空公司或多或少都成功地复制了西南航空的发家秘诀，并在成本上拥有了与其一较高下的实力。

与此同时，戴尔依然是个人计算机领域成本最低的制造

第6章 成本优势　081

商。然而，前有惠普通过业务重组降低了成本，后有 IBM 等高成本运营商剥离个人计算机业务，并将其出售给联想等更擅长经营个人计算机业务的公司，竞争对手的一系列变革举措严重挤压了戴尔的成本优势。此外，计算机市场的整体趋势变化也给了戴尔当头一棒。戴尔制胜个人计算机市场的秘诀，是专门为深知自身需求的企业级消费者提供低价台式计算机，但近期计算机市场增长的主要驱动力却是笔记本电脑，此外，普通消费者的需求也在快速上升。在笔记本电脑方面，戴尔毫无成本优势，而非技术型的大众消费者往往需要专卖店销售员的介绍和引导，之后才可能购买。

最后，美国的小型钢铁公司也面临着诸如全球第二大钢铁公司安塞乐米塔尔钢铁集团等全球性钢铁企业的强势竞争，因为后者能在发展中国家找到以极低的成本生产钢材的机会。（安塞乐米塔尔在哈萨克斯坦的钢铁厂实际支出的劳动力成本相当低。）随着贸易壁垒的消除，具备大规模经济效益的全新竞争者纷纷涌入钢铁市场，美国小型钢厂的成本优势也在逐渐减弱。

这些案例告诉我们：如果行业内的老牌公司不太可能立即复制基于流程的成本优势，如果新"入局"的公司也无法做到，或是这样做可能会破坏该行业的经济效益，那么基于流程的成本优势可以为公司构筑起一条临时护城河。需要注意的是，戴尔和西南航空公司的成功，某种程度上是因为潜在竞争对手的不作为或是不合理的经营战略，比如捷威公司。但是，建立在竞争对手懒惰或失误基础上的护城河并不牢固。因此，基于流程而构筑起来的护城河需要投资者密切关注，因为在竞争对手照抄低成本的流程或发明出更低成本的新流程后，这种成本优势往往就会烟消云散。

**更优越的地理位置**

第二类成本优势源于优越的地理位置，其持久性强于基于流程的成本优势，因为得天独厚的地理位置往往很难被复制。这种区位优势一般在大宗商品行业更为常见，因为这些商品通常重量大、价格低（即价值/重量的比率很低），而且基本上只在产地附近销售。

我们先回顾一下第3章提到的垃圾清运和石料生产企业，这两类企业表面看平平无奇，实际盈利却相当丰厚。除了借助各种审批程序形成护城河，它们还拥有坚实的区位成本优势，因为没有几个社区愿意在居民区附近新建大型垃圾填埋场或采石场。垃圾车开往填埋场的路程越远，或者装满石料的载重车前往建筑工地的距离越长，垃圾清运和石料运输的成本就越高。因此，拥有离客户更近的垃圾填埋场和石料场的公司，其运营成本自然更低，这也意味着竞争对手很难抢占它们的现有市场。

我们可以从一家石料公司的经济效益分析数据中清楚地看到优越的地理位置赋予它的优势：石料场开采石块、细沙和碎石的成本价约为7美元/吨，运往交货地点的运费是每英里每吨0.10~0.15美元。也就是说，短短5~7英里的运输距离就会使成本直接增加近10%，而这些成本都会转嫁给客户。在现实中，这种成本构成意味着石料生产企业基本上能垄断采石场周边的建筑商客户，而且在采石场的目标市场半径50英里范围内，竞争对手相对较少。

水泥厂也有类似的经济效益，在距离厂址一定半径距离范围内也拥有类似的独家定价权。不知你是否好奇，为什么在市中心附近以及其他意想不到的地方，你会猝不及防地看到一座老旧的水泥厂格格不入地矗立在那里呢？那是因为这家水泥厂很可能是这片地区成本最低的水泥供应商，而且它的利润可能非常高。这就意味着这座水泥厂可能还是个缴税大户，在地方政客想要拆掉厂房、搞房地产开发时，其所有者有足够的底气拒绝搬迁。与石料场一样，水泥厂通常也会在其周边地区形成小范围的垄断。

得天独厚的地理优势也可能会给一些（尽管不是全部）钢铁公司带来更低的成本。例如，韩国曾经的国有企业浦项钢铁公司占据着韩国钢铁市场高达75%的份额。尽管对原材料的进口依赖抬高了生产成本，但由于韩国所在的朝鲜半岛地域狭小，该公司与韩国国内庞大的汽车和造船企业等目标客户之间的地理距离都不算太远，运输成本优势体现得十分明显。此外，其产品运输至中国只需一天的航程。这意味着，相较于原料投入成本低但运输成本居高不下的巴西或俄罗斯钢厂，浦项钢铁公司能以更低的综合成本为中国客户提供产品。随着中国的钢铁生产商不断地提质增效，中国钢铁商在高质量钢铁制品供应链中的地位也不断提升，浦项钢铁的优势可能会因此有所减弱。但在过去的一段时间里，这种地理优势确实很难被超越。

## 独特的资源优势

第三种成本优势往往由大宗商品生产类企业独享，因为它要依托独一无二的世界级资源。如果一家公司拥有自然资源矿藏，且开采成本低于同类生产商，它就能幸运地获得独家竞争优势。

美国犹特拉石油公司是一家中型能源公司，由于在怀俄明州的部分地区拥有天然气资源优势，它能以极低的成本生产和销售天然气。在大多数人还没有意识到该地区的资源潜力之前，犹特拉石油公司就以极低的价格买下了这块地，这一举措让该公司的利润是北美天然气生产商的平均利润的两倍。例如，犹特拉石油公司的大部分油气井钻探成本约为700万美元，而北美其他地区储量相当的油气田所需的钻探成本为1 700万~2 500万美元。在晨星公司投资的所有能源公司中，这种无可匹敌的成本优势让犹特拉石油公司成为资本回报率最高的企业。

另一家在成本方面具备绝对优势的企业是罗盘矿物公司。这家公司规模虽小，但业绩非凡，晨星已经连续关注它好几年了，其主营业务是岩盐（用于高速路除冰，而不是给炸薯条调味）的开采和销售。罗盘矿物在加拿大安大略省拥有一座名为戈德里奇的盐矿。得益于这座盐矿的独特地质条件（目前开采的矿脉厚度超过100英尺[①]）和巨大的储量，该公司的岩盐生产成本全球最低。戈德里奇盐矿位于休伦湖湖底，优越的地理位置使罗盘矿物能借助天然河道和运河以极低的运输成本将岩盐运到美国中西部地区。盐矿本身的低生产成本以及低廉的运输成本夯实了罗盘矿物的市场优势，而来自周边市场的稳定需

---

① 1英尺≈0.340米。——编者注

求（美国中西部冬季天气非常恶劣，除冰需求很大）进一步强化了公司的竞争力。

仔细观察后你就会发现，这种独家资源带来的竞争优势并不局限于地下资源开采企业，以巴西阿拉卡儒纤维公司为例，它曾是全球规模最大、生产成本最低的纸浆生产商。它是怎么做到的？其实很简单，用来生产纸浆的桉树在巴西的生长速度快于全球其他地区。（巴西的桉树幼苗只需生长 7 年即可砍伐，而在邻国智利则需要 10 年，在北美等温带气候地区则需要 20 多年。）由此不难看出，如果阿拉卡儒纤维公司的产品原材料每 7 年就可收获一次，其竞争对手就需要多用 50%~200% 的时间去等待树木长成，那么前者便能以更少的资本投入生产出更多的纸浆。

## 低成本优势能否持续？

成本优势可以成为竞争力的强劲助推器，但不同类型的成本优势可持续的时间长短不一，需密切关注基于流程的竞争优势，因为它们通常只能持续较短时间，而阻止竞争对手复制低成本流程的种种限制条件往往又无法持久。一旦这些暂时性限制消失，基于流程优势建立起来的护城河便会迅速变窄。相比之下，以地理位置和独特资源为基础的成本优势通常更为持久，也更容易成为投资决策的分析依据。原因在于，拥有地理位置优势的公司往往能形成小范围的市场垄断，而拥有顶级开发潜力的自然资源就更是可遇而不可求了。

成本优势的最大好处在于，它会进一步带来规模优势，而规模优势往往能构筑起极为坚固的经济护城河。那么，在什么情况下规模越大越好呢？我们将在下一章进行讨论。

## 股票投资箴言

1. 在价格决定客户购买行为的行业中，获得成本优势是制胜的关键。仔细思考企业的产品或服务是否存在容易获得的替代品，这有利于投资者判断哪些行业的成本优势可以形成护城河。
2. 低成本的流程、优越的地理位置和得天独厚的资源都能创造成本优势，但要密切关注基于低成本流程的竞争优势，因为一家公司开发出的低成本流程很容易被其竞争对手复制。

# 第 7 章

# 规模优势

规模越大越好,前提是找准方向

比竞争对手规模更大，才算得上更好。

在评估规模带来的成本优势时，需要牢记的一点是：企业自身的绝对规模无关紧要，重要的是相对于竞争对手的规模。举个例子，联手垄断了航空航天行业的两家巨头（波音公司和空客公司）很难依靠规模来形成真正碾压对方的成本优势。正如我们将在下文论述的那样，一家公司即便绝对规模很小，但只要比竞争对手大，就可以构筑起相对稳固的护城河。

要理解规模优势，首先要牢记固定成本和变动成本之间的区别。以常见的杂货店为例，其固定成本就是店面租金、水电费和员工工资，变动成本则是货架上各类商品的批发成本，以及节假日给员工的加班费等。相较之下，房地产经纪公司的成本几乎全部是变动成本。除了一间办公室、一部电话、一辆汽车和一台存储待售房屋信息的计算机，其他成本就只有支付给中介的佣金了，而佣金的支出取决于销售额：卖不出房子，自然就没有佣金。

总体而言，一个行业的固定成本相对于变动成本的比值越高，其规模效益越大，行业整合度就越高。因此，寥寥几家物流公司、汽车制造商或微型芯片生产商就能垄断全国市场，但小型房地产中介公司、咨询公司、律师事务所和会计师事务所却多如牛毛，这种情况也就不足为奇了。一家拥有1 000名律师的律师事务所，与一家只有10名律师的事务所相比，没有任何成本优势。前者或许能够提供更多种类的业务，也可以凭借规模优势拿下更多客户，但与规模较小的竞争对手相比，其成本优势并不明显。

我们可以将规模带来的成本优势细分为三类：配送、生产和利基市场。尽管所有的经济学入门课程都将生产规模视为最重要的规模优势，但我的经验是，庞大的分销网络或占据利基市场带来的成本优势同样不容小觑，并且，在日益以服务为导向的经济中，这些优势变得越来越普遍。

### 大规模配送网络的无限价值

大规模配送网络可以创造无法撼动的竞争优势。只要想象一下将货物从 A 地运到 B 地的流程，就不难理解个中缘由。我们先看看经营一个配送车队的固定成本和变动成本。不管是购置还是租赁，卡车本身都是固定成本，司机的工资和卡车在运输过程中消耗的大部分汽油也是固定成本。唯一真正的变动成本，是运输旺季的司机加班费和额外的油费。（你可以这样理解：固定的燃油成本指的是卡车走完常规运输路线的油费，而变动成本是卡车前往常规路线之外的地点产生的油费。）

若想满足最基本的物流服务要求，创建和运营配送网络需要投入高昂的前期成本，但卡车车队每多送一件货物带来的增量利润却十分可观。想想看，车队在回收固定成本之后，沿着常规运输路线多运输货物的利润是相当惊人的，因为在原定行程之外增加停靠点的变动成本几乎为零。想象一下，你需要与一家拥有成熟配送网络的企业竞争。这家公司很可能已经收回了固定成本，并随着配送货物量的增加而赚到了丰厚的增量利润，而你经营的车队在达到足以实现盈利的规模之前，可能需要承受很长一段时间的亏损。

事实上，美国联合包裹运送服务公司（UPS）的资本回报率远高于竞争对手联邦快递的一个主要原因，就是其提供的送货上门服务所创造的经营利润远高于联邦快递文件次日达服务的利润，UPS 布点密集的地面配送网络带来的资本回报率显然要比联邦快递高度依赖航空的次日达快递服务高得多。因为一辆半满的货车仍有可能回本,而一架运输高时效性文件的货机若有一半没装满,亏损就很难避免了。

很多拥有配送网络的餐饮企业都能挖掘出这样的经济护城河。以达登餐饮公司为例,它旗下的红龙虾连锁海鲜餐厅遍布美国各地。尽管物流运输看起来不是什么惊险刺激的工作,但要把鲜活的食材及时运到遍布全美的650家连锁餐厅却并非易事。得益于发达的配送网络,达登餐饮公司才能以比竞争对手更低的成本完成更高效的配送。该公司拥有的连锁餐厅数量远超其最大的竞争对手,这个规模庞大的配送网络显然为它带来了巨大的收益。

大规模配送网络的优势不仅体现在令人流连忘返的餐饮行业,也适用于人们避之不及的医疗垃圾处理行业。消毒循环公司(Stericycle)是美国最大的医疗垃圾收集和处理公司,其规模是业内第二大企业的16倍,其运输网络的布点数量达到了其他公司难以企及的程度。每条线路上更多的停靠站点,直接为消毒循环带来更多的盈利路线、更高的资本回报率和更宽广的经济护城河。相较于竞争对手,四通八达且站点更为密集的运输网络意味着消毒循环不仅价低,利润还更高。

大规模的配送网络极难被复制,因此往往成为构筑超宽经济护城河的基础。从美国最大的食品配送服务公司西斯科，到美国最大的工业加固件分销商之一的快扣公司，再到可口可乐、百事可乐和帝亚吉欧等大型饮料公司的成功，都证明了这一点。

## 规模越大，实力越强

生产规模也可以带来成本优势，典型的例子就是拥有流水线的工厂。一家工厂的产能越接近100%，利润率就越高，而工厂的规模越大，就越容易将租金和水电费等固定成本分摊到更多的产品上。此外，更大的规模也意味着更容易形成专业分工和机械化生产，从而进一步降低成本。然而，随着中国和东欧地区大量低成本劳动力持续进入全球市场，部分制造业开始从欧洲和北美等发达地区转移到低劳动成本地区，使得生产规模带来的成本优势在近几年有所减弱。但对某些公司而言，它依然是一个实打实的优势。

这方面最典型的案例非埃克森美孚公司莫属。通过在许多经营领域实现规模经济，该公司的经营成本要低于任何一家超大型综合石油企业。尽管在石油和天然气勘探及开采等上游业务方面没有体现出明显的规模优势，但其炼油和化工业务的规模优势却是毋庸置疑的，由此带来的超高资本回报率更是令瓦莱罗能源公司和巴斯夫公司等竞争对手相形见绌。

生产规模的优势并非仅通过拥有比竞争对手更多的生产设施来实现。如果简单地将规模优势理解为"用更大的销售规模摊薄固定成本",我们就会发现,非制造业公司也能从规模经济中受益,美国电子游戏巨头艺电公司就是个典型的例子。一款电子游戏从开发到上市的成本(目前约为 2 500 万美元)基本上是固定的,艺电庞大的用户规模让它能够将巨额的开发成本分摊到更大的总体销量上。因此,相较于规模较小的游戏公司,它能更轻松地推出更多令人欲罢不能的电子游戏。

我们在大洋彼岸的英国也看到了类似的模式。英国最大的付费电视服务供应商天空电视台就充分体现了规模经济带来的竞争优势。天空电视台的用户数量是其最主要的竞争对手维珍传媒的 3 倍。通过将成本分摊到更多用户身上,在订阅费率相同的情况下,天空电视台有更多资金购买英超足球联赛、首映电影和热播美剧等更丰富的电视内容,并以此吸引更多用户来订阅,这反过来又夯实了天空电视台的雄厚财力,使其能够不断丰富电视节目内容。新的市场进入者想要打败天空电视台,先得花大价钱购买比它更丰富的内容才有可能吸引用户订阅,这意味着巨大的前期投入。所有这一切都表明天空电视台拥有宽阔的经济护城河。

## 宁为鸡头，不做凤尾

最后一种规模优势，是利基市场的统治地位。一家公司即使绝对规模不大，只要能够在某一特定细分市场做到比竞争对手更大，也能建立巨大的竞争优势。事实上，一个规模很小的细分市场可能只够让规模最大的公司盈利，那么只要在规模上大过竞争对手，就能实现"一家独大"的垄断。在意识到一个细分市场能提供的收益远不足以覆盖进入该市场所需的成本后，其他企业可能就会望而却步。

例如，在爱达荷州博伊西等较小的城市，用户规模只够维持一家有线电视服务运营商的生存，而《华盛顿邮报》已经在这些小城市建立了大量有线电视网络，其竞争对手也心知肚明，为了争抢这些小型市场而去投资新建类似的有线电视网络实属没有必要。假使的确有竞争者在这些小城市里创建了第二个有线电视网络，那么当地的用户数量或许根本就无法同时满足两家公司的盈利需求。随着卫星电视的普及，这些小城市的有线电视业务的竞争优势有所减弱，但它们依然是依赖利基市场构筑护城河的范例。

即使产品很不起眼，拥有利基市场护城河的公司也能获得相当惊人的资本回报，工业泵就是这样一种出乎意料的高利润产品。事实证明，生产高质量喷漆枪和食品加工用泵一样可以赚大钱。美国明尼阿波利斯市一家名为固瑞克的小公司就凭借这两种产品实现了高达40%的资本回报率。

这种高得离谱的回报率是如何实现的？首先，高端工业泵的市场需求总量不大，这意味着它不太可能会吸引资本雄厚的竞争对手入场。其次，固瑞克慷慨地将销售额的3%~4%用于研发，确保其产品始终能够满足客户的最新需求。再次，固瑞克的产品在终端消费者面前呈现出了高度可视化的使用效果，虽然它们在总生产成本中只占了很小的比例，比如家具部件表面的上色或喷漆，以及新车的喷漆等。相较于家具或汽车的总成本，这些成本支出其实并不高，却是消费者第一眼能看到的东西。因此，固瑞克可以从家具制造商或汽车制造商身上赚到相当可观的产品溢价。对后者来说，这些额外的小支出不会显著增加桌子或跑车的成本，但绝对能提升固瑞克的利润率。

尽管利基市场的竞争优势通常存在于小型制造企业，但并非仅限于工业领域。例如，有一家名为Blackboard的软件公司，尽管规模超小，但分走了教学管理系统市场近2/3的份额。Blackboard开发的教学管理平台旨在帮助教师和学生建立联系，教师可以用它完成作业发布，帮助学生实现小组项目协作，以及实现教师和学生之间的沟通。

与工业泵一样，该市场体量微小，不太可能吸引微软或奥多比系统公司这样的软件巨头下场竞争。此外，这也是一个高度专业化的市场，竞争对手若想成功地分一杯羹，可能需要在前期投入大量资源去了解客户的需求。但这个市场太小了，考虑到其产出可能小于投入，很少有公司愿意尝试。

私人基础设施建设公司是最后一类可以通过主导利基市场形成经济护城河的企业，这也是最有趣的一个领域。这类企业在美国不多，但在其他国家却十分常见，机场建设运营可能就是其中的最佳代表。全球各地有很多机场都是由私人公司运营的，比如墨西哥的大部分机场、新西兰的奥克兰机场、阿姆斯特丹的史基浦机场以及其他一些机场。这些机场当然享有获得管理部门批准（无形资产）所带来的竞争优势，但"一家独大"的经济效应也得到了充分体现。由于许多地区的航线客运量只能保证一家机场盈利，即使竞争对手获批在奥克兰或墨西哥的巴亚尔塔港附近开设第二处机场，也不一定能获得有吸引力的资本回报。这种行业现状将新竞争对手阻挡在门外，许多现有机场也借此构筑起了非常宽阔的经济护城河。

## 股票投资箴言

1. 宁为鸡头,不做凤尾。相较于公司的绝对规模,其相对规模才是值得关注的重点。
2. 只要你的售价比别人便宜,你就能赚大钱,同样的道理也适用于其他产品或服务。
3. 不管是哪个行业,规模经济都能帮助企业创造持久的竞争优势。

# 第 8 章

# 消失的护城河

优势一旦失去,往往一蹶不振

截至目前，我们只讨论了强大竞争优势的种种特征，即帮助企业构筑经济护城河的结构性特征。如果我们只需找到拥有护城河的公司，瞅准合理的价位买进，然后永不抛售，坐等它们的竞争优势带来滚滚财富，股票投资岂不是易如反掌？遗憾的是，现实世界并非一成不变，种种变数让股票投资变成了一门十分复杂的学问。

　　在竞争激烈的投资界，哪怕是世界上最精明的分析师，在无数不可预测的变化面前也将束手无策。就在差不多十年前，成为纽约证券交易所的股票分析师几乎等于拿到了印钞许可证，但现在这都已沦为明日黄花。30年前，宝丽来的横空出世，革命性地改变了人们的拍照方式，但数码成像技术最终成为胶片摄影的"终结者"。长途电话和报纸一度被视为稳赚不赔的高利润业务，如今却沦落到难以为继的地步，这样的例子不胜枚举。

上述行业的所有企业都曾拥有难以匹敌的竞争优势，却在时代变化的大浪淘沙下纷纷败下阵来。变化是一把双刃剑，既能创造发展的良机，也会严重侵蚀曾经十分宽广的经济护城河。因此，持续关注持股企业的竞争态势，留意是否出现了护城河被侵蚀的迹象，便成了投资者至关重要的工作。投资者如果能尽早发现企业竞争优势减弱的信号，就能大大提高成功投资带来的收益、降低失败投资带来的亏损。

## 技术颠覆

技术的更新换代会影响两类企业，一类是以销售科技产品（软件、半导体、网络设备等）为生的公司，它们很容易在抢夺行业先锋地位的白热化竞争中败下阵来。当然，大部分销售科技产品的公司本身就很难建立持久的竞争优势，也无法形成经济护城河。要摧毁一条本就不存在的护城河，自然无从下手。因为"技不如人"而被竞争对手取代，是大多数销售科技产品的企业无法逃避的命运，只有推出质量更好、速度更快、价格更便宜的产品，才能在商业竞争中获胜。因此，一旦有更优质的产品上市，企业一度拥有的竞争优势很可能就会在短短几个月内消失殆尽。正如一位研究技术领域竞争优势的学者所说："从长远来看，所有曾经的前沿创新，都会沦为稀松平常。"

然而，在极其偶然的情况下，市场上也会出现一款让所有竞品都甘拜下风的产品，企业可以凭借这款产品成功发展壮大，最终成为行业标杆的制定者，比如红极一时的黑莓手机邮件系统供应商加拿大动态研究公司（Research in Motion）。然而，对大多数不具备行业标准制定权的技术型企业来说，它们基本上都逃不掉两种命运：要么逐渐被市场遗忘（还记得奔迈吗？）；要么在苦苦挣扎数年后被更大的公司收购，股东从此脱离苦海。

还有一类是非技术型公司，它们很难预测和抵御颠覆性技术变革造成的威胁，因为在技术变革对其进行永久性打击之前，这些公司看起来都有着极为强大的竞争优势。从一开始就缺乏竞争优势的企业被淘汰本就没什么可说的，但一家曾被视为永动式印钞机的企业最终"泯然众人"，那就是另一回事了。

技术颠覆的故事随处可见。在过去的几十年里，柯达一度垄断了美国的照相胶卷市场，创造了令人艳羡的巨额财富，现如今却只能在数字成像的世界里挣扎求生。在2002年到2007年5年的时间里，柯达的累计营业收入只有约8亿美元，累计营业利润较5年前暴跌了85%。柯达最终能否在数码摄影市场生存下去，仍是一个未知数。原本更擅长经营胶卷、相片纸和摄影用化学品等变动缓慢、利润丰厚的业务的柯达，想在产品更新迭代周期更短的消费类电子产品市场上获利，恐怕还有一段更艰难的路要走。

凭借对本地新闻、广告和分类广告的垄断，报纸一度被视为最赚钱的生意，因为它能稳定地带来源源不断的现金流。然而，互联网已经给纸媒行业带来了不可挽回的致命打击，纸媒的风光已成明日黄花。诚然，报纸不会退出历史舞台，但也不再是令人趋之若鹜的高利润行业了。

过去的另一种暴利行业（长途电话）同样遭到了互联网的永久性打击。独家垄断了个人以及企业之间远程沟通业务的电话公司，在过去几十年里都赚得盆满钵满。如今，人们可以利用基于互联网协议的网络电话实现便捷沟通，曾经不可一世的电信运营商由此面临颠覆性的严峻挑战。只要有一台计算机和一款免费的网络软件，人们就能随心所欲地拨打电话，价格低到每分钟几分钱。但对长途电话运营商而言，它们一度稳定无比的财富源泉已经永远地干涸了。

你还可以随便问一位穿着打扮一丝不苟的音乐公司高管以下问题：互联网对音乐出版行业造成了什么影响？恐怕得用一个"惨"字来回答。

第 8 章 消失的护城河

最后一个与投资者最相关，也最值得被关注的例子是股票交易所，尤其是场内交易商和专业投资人过去几十年的从业经历。纳斯达克在 20 世纪 70 年代末成为证券交易市场上一个不可忽视的竞争者，这成功证明了以成本更低的全电子化交易取代场内交易的可行性。于是，潘多拉魔盒被打开。随着纳斯达克交易量的激增，再加上通信和计算成本的不断降低，群岛证券交易所（Archipelago）等场外交易网络应运而生。绕过场内交易员和专业投资人进行的股票交易越来越多，它们的地位就越发摇摇欲坠，再加上买卖价差的日益收窄，它们的利润空间也遭到进一步压缩。

诚然，能够颠覆整个行业经济结构的技术变革相当罕见。不过，一旦这种变革发生，无法预判这种变化的投资者就可能付出惨痛的代价。因此，投资者需要牢记的一点是，在颠覆性技术的冲击下，相较于技术销售型企业，技术驱动型企业护城河的受损程度会更严重，尽管这些企业的投资者可能并不认为自己持有的是科技股。

## 行业剧变

除了技术领域的变革会侵蚀曾经坚不可摧的护城河，产业结构的变迁也会给公司的竞争优势造成永久性损害。一度分散的客户群被逐渐整合，便是一种需要警惕的常见变化。

在美国，塔吉特、沃尔玛等大型零售商的崛起永久性地改变了诸多消费品生产商的经济状况，使其变得更糟。高乐氏和纽威尔等公司定价能力的下降，必然是诸多因素共同作用的结果，但不断集中化的客户群及其引发的持续增强的购买力无疑是最主要的因素。以纽威尔为例，办公用品公司 Office Max 和史泰博大力推广自有品牌办公用品的策略，就对纽威尔的品牌利益造成了严重冲击。

在美国零售业的另一领域，家庭式五金店的没落以及劳氏和家得宝双寡头的崛起，损害了许多五金供应商的经济效益。即使是史丹利或百得电动工具等历史悠久的知名品牌商，当下也失去了定价权，因为它们很大一部分工具产品需要通过劳氏和家得宝销售，而这两家销售商的议价能力显然要高于零散的个体经营户。

当然，行业前景的变革还有可能是由全球性变化造成的。东欧、中国和其他地区的廉价劳动力进入全球劳动力市场后，很多制造型企业的经济效益都遭到了永久性的冲击。在一些极端情况下，那些曾凭借优越地理位置构筑起经济护城河的公司甚至发现，差距过大的劳动力成本竟然将它们的竞争优势侵蚀得无影无踪，因为低劳动力成本带来的额外收益足以弥补高昂的运输成本。美国木制家具行业成为第一批经历这一困境的企业。

最后一个需要警惕的行业变动，是"非常规"竞争对手的进场。某些对政府而言具备战略意义的公司，其经营活动的政治或社会目标或许会优先于盈利目标。例如，美国的飞机喷气发动机制造行业多年来一直由通用电气、普拉特·惠特尼集团（美国联合技术公司的分支）以及英国的罗尔斯－罗伊斯公司三大巨头把持。一直以来，该行业的惯例就是以成本价或略低于成本的价格出售发动机，然后通过签订利润丰厚的服务合同赚钱。飞机发动机的使用寿命长达几十年，因此制造商可以在长期的维修保养服务中获得十分可观的收益。

然而到了 20 世纪 80 年代中期，罗尔斯－罗伊斯遭遇了财务危机，不得不依靠英国政府的援助维持生存。为了避免破产以及保住航空发动机生产的市场份额，罗尔斯－罗伊斯的管理层决定降低发动机的销售和维护价格。不幸的是，在罗尔斯－罗伊斯恢复持续盈利之后，这一低价策略又延续了好多年，导致普拉特－惠特尼集团和通用电气不得不跟着降价，其利润率也在这段时期内受到极大影响。时至今日，飞机发动机依然是一门拥有牢固经济护城河的好生意。虽然通用电气的利润率已经有所回升，但罗尔斯－罗伊斯的"低价保命"之举的确造成了一损俱损的后果，同时影响了三大企业的利益。

## 破坏性增长

某些增长不仅不能夯实护城河，反而会侵蚀它。事实上，在我看来，企业对自身竞争优势损害最严重的行为，就是在无法构筑护城河的领域盲目追求增长。大多数企业管理者都认为企业的规模越大越好（平心而论，大企业管理层拿到的薪酬往往要高于小公司的管理层，因此管理者怀抱做大做强的念头也无可厚非），于是便带着公司盲目地朝着利润微薄的业务领域扩张。

我个人认为，微软是这方面的最佳反例。不可否认，微软的护城河依然宽阔无比，但我认为，微软在过去10年里朝着其核心操作系统和办公软件领域之外的业务扩张的做法，并没有给股东带来什么利益。微软投资其他领域时踩过的坑，远比你想象的多，Zune（音乐播放器）、MSN（即时通讯软件）和MSNBC（微软全国有线广播电视公司）不过是冰山一角。你知道微软还曾试图推出一套名为"Actimates"的儿童玩具吗？又或者，你知道它在20世纪90年代末曾在欧洲多家有线电视公司身上砸了30多亿美元吗？

尽管微软的员工人数和销售额只出现了略微缩减，但如果它没有盲目投资自己没有竞争优势的业务，那么微软公司本就高得惊人的资本回报率恐怕还能更进一步。身为一家软件公司，它为什么要搞有线电视新闻呢？

与很多拥有宽阔护城河的企业一样，微软早已稳坐令人羡慕的行业老大地位，其创造的现金，扣除在核心的 Windows/Office 软件上的再投资后仍有大量富余。因此，与很多同样拥有宽阔护城河的企业一样，微软选择将这些富余资金用于探索和扩展其竞争优势较弱的业务领域。微软的盈利能力高得离谱，所以这些"打了水漂"的投资并没有导致其整体资本回报率跌到一个有损声名的地步，但并不是每家盲目投资的公司都像微软一样禁得起挥霍。对盈利能力本来就较差的公司来说，冒险投资没有护城河的业务可能会严重损害公司的资本回报率，进而削弱公司对投资者的吸引力。

你可能会问，除了用来继续扩大和优化 Windows 产品的资金，微软应该如何利用剩下的大量现金盈余？实话实说，微软的确在拓展互补性业务方面做了一些较为成功的投资，比如数据库软件和服务器操作系统等。但它应该把剩下的资金以股息的形式返还给股东，这是最不被重视但也最有效的资本分配方式。

对一家公司来说，盲目斥巨资进军自己没有竞争优势的领域，无异于亲手填平好不容易挖出来的护城河。

## 如果客户拒绝接受涨价

尽管这更像是护城河被侵蚀的迹象，而非原因，但它依然很重要。如果一家公司的客户对该公司定期涨价行为的接受度一贯良好，但突然间开始抵制，你就会得到一个该公司竞争优势变弱的强烈信号。

晨星公司分析团队曾遇到这样一个例子：2006年末，晨星的一位分析师注意到，主要销售数据库软件的甲骨文公司在软件维护合同方面的提价能力大不如前。纵观历史，对主要向大企业销售大型软件的公司来说，运维合同一直都是盈利最多的业务之一。大型企业客户一般都倾向于让软件的原供应商提供后续的运维服务，因为只有它们才最熟悉软件代码，也最了解软件的最新版本和功能。此外，甲骨文还会在软件售出一段时间后，通过宣布不再支持旧版软件的方式迫使客户升级。因此，尽管甲骨文每年的运维费用都在小幅上调，客户也不得不接受。

为什么甲骨文公司运维费用的上涨会遭到客户的明显抵制？我们在经过一番调查后发现，一些第三方公司如雨后春笋般冒了出来，它们蚕食了甲骨文不少的业务量。如果第三方公司同样能够提供靠谱的运维服务，客户就完全没必要将软件升级到最新版本。这个态势似乎会持续下去，并将影响到甲骨文从运维服务中获得的高盈利，进而可能侵蚀其护城河。

## 优势一旦失去，往往一蹶不振

物理学家兼哲学家尼尔斯·玻尔说过："预测本就不易，预测未来就更难了。"然而，评估公司竞争优势的持久性，就要求投资者努力预测未来。有时，未来会将我们打个措手不及，这时你就需要重新评估持股企业的护城河是否安然无恙，或者看看意料之外的变化是否已经对其竞争优势造成了不可逆的损害。

---

### 股票投资箴言

1. 技术革新可能会摧毁企业的竞争优势。相较于技术销售型公司，技术驱动型企业更应该关注这个问题，因为技术革新对其冲击往往难以预料。

2. 如果一家公司的客户日趋集中，或有竞争对手已经不再把赚钱当作唯一目标，那么这家公司的护城河或许就岌岌可危了。
3. 扩张并不总是好事，对公司来说，深耕自己擅长的主营业务，将赚到的富余资金回馈给股东，好过把这些利润投到没有护城河的不靠谱业务上。家底雄厚的微软禁得起试错和挥霍，但大多数公司根本就没有如此雄厚的资本。

# 第9章

# 寻找护城河

投资的世界很复杂

成为一名聪明的投资者，最大的好处就是你可以纵横投资界，整个资本世界都是等待你探寻的宝库。没有人会强迫你一定要投资A行业或B行业，整个投资领域任你挑选，你可以忽略不中意的股票，只买入看好的股票。如果你的目标是建立一个优质的投资组合，组合里全是拥有经济护城河的卓越公司，那么，抉择的自由就至关重要，因为在某些行业里，挖掘护城河比其他行业要容易得多。

这一点太重要了，所以我需要重申一遍：有些行业的竞争已经白热化，而且整个行业都不太景气，想要在这些行业里创造竞争优势，管理者的能力或许要达到可以拿诺贝尔奖的水平。相反，在一些竞争没那么激烈的行业里，能力平平的公司也能保持相对稳健的资本回报（命运就是如此不公）。身为投资者,在企业的管理者只需往前跨出一小步就能成功的行业里,找到宝藏公司并获得投资回报很容易;但在一个成功门槛极高的行业里,投资者想找到一个长期赢家,则是非常困难的事情。

以汽车零部件和资产管理这两个截然不同的领域为例。是的,将这两个几乎毫无共同之处的行业放在一起比较很不公平,但这能够充分论证前面的结论。晨星对13家汽车零部件公司进行了调查,其中拥有经济护城河的只有2家,剩下的11家基本无缘体面的资本回报,即使盈利尚可,其成功也不过是昙花一现。

以主要为通用汽车和克莱斯勒生产车轴的美国车桥制造公司为例。5年前,在美国人痴迷于SUV(运动型多用途汽车)的时候,该公司的资本回报率能维持在10%~15%的水平。但自2003年以来,随着SUV销量的下跌,再加上缺乏竞争力的成本结构,美国车桥出现亏损,资产回报率跌到了个位数。在整体行业不景气、竞争激烈到白热化的汽车零部件行业里,许多其他汽车零部件生产商几乎也是无差别地步入了美国车桥的后尘。

此外,晨星还调查了18家上市的资产管理公司,它们都拥有经济护城河(事实上,其中十几家公司的护城河称得上宽阔，剩余几家则相对窄小[1]）。尽管资产管理行业的准入门槛较低（只需10万美元支付律师费和注册费，你就可以创立一家共同基金公司），但成功的门槛却高得离谱，因为你需要一个庞大的销售网络才能吸纳投资。不过，投资者的钱进入基金公司的账户后便会长期留存，这也意味着，手握大量资产的基金经理通常都能够"躺着"赚到超高的资本回报。

让我们设想对基金经理来说仿佛噩梦一样的场景：某家公司曾秉持一种特定的投资风格，随着这种投资方式的过气，原本令人羡慕的超高回报跌得一塌糊涂。几年后，真相大白于天下，原来该公司纵容大客户通过不正当交易攫取长期基金持有者的利润，这引发了一场备受瞩目的司法纠纷。同时，该公司的明星基金经理纷纷跳槽，投资者也弃之而去，公司管理的资产几乎缩水一半。

这家公司没救了？不至于。这就是骏利资本在21世纪初遭遇的困境。其营业利润率一度跌至11%，但后来又回升至25%，这就是人们常说的"富有弹性"的商业模式——具备了护城河的商业模式。

---

[1] 在晨星，我们将具备竞争优势的公司分为两大类：具备长期可持续竞争优势的公司，即拥有"宽阔的护城河"的公司；竞争优势明显但不够强大的公司，即拥有"窄小的护城河"的公司。我将在第11章通过几个案例进一步分析两类公司的特征及优劣势。

## "入对行"是找到护城河的前提

表9-1将晨星拥有的2 000多只股票按照行业进行了分类,让我们看看到底哪些行业的公司最有可能拥有护城河。

表9-1 各行业拥有护城河企业的占比

| 行业 | 窄护城河(%) | 宽护城河(%) | 护城河总比例(%) |
|---|---|---|---|
| 软件 | 49 | 9 | 58 |
| 硬件 | 26 | 5 | 31 |
| 媒体 | 69 | 14 | 83 |
| 电信 | 59 | 0 | 59 |
| 医疗保健服务 | 31 | 11 | 42 |
| 消费者服务 | 32 | 7 | 39 |
| 商业服务 | 36 | 13 | 49 |
| 金融服务 | 54 | 14 | 68 |
| 消费品 | 32 | 14 | 46 |
| 工业原料 | 31 | 3 | 34 |
| 能源 | 55 | 6 | 61 |
| 公共事业 | 80 | 1 | 81 |

如表9-1所示,在技术领域,软件公司往往比硬件公司更容易形成护城河。这不仅有财务构成方面的原因(相较于软件

公司，硬件公司的资本密集程度更高），两大类产品不同的使用方式才是最主要的原因：一款软件通常需要与其他软件集成后才能发挥作用，这种协作既增强了客户黏性，又提高了转换成本；而硬件大多都是基于行业通用标准生产的，更换起来更容易。当然，例外情况并非没有，尤其是在硬件公司（如思科公司）能够通过将软件嵌入其硬件产品来创造转换成本的情况下。但整体而言，拥有护城河的软件公司数量要高于硬件公司。

虽然电信行业在过去几年里动荡不安，但在晨星调查的电信公司中，仍有近三分之二的企业拥有护城河，这的确有点儿出乎意料，但原因很简单。晨星调查过的电信公司一半以上是外国企业，这些企业所在国家的监管环境通常比美国更宽松。一般来说，电信行业的护城河要么来自有利的监管环境，要么源于潜在竞争对手不愿意涉足的利基市场（例如在美国偏远农村运营的电信公司）。但如果你想要投资一家具有竞争优势的电信公司，最好还是将目光投向海外。

近期，一些媒体公司陷入了四面楚歌的境地，即便如此，对投资者而言，媒体行业仍不乏具备竞争优势的优质企业，也算是一处不错的寻宝之地。比如迪士尼和时代华纳手握大量独家内容，虽然这些内容的前期制作耗资甚巨，但制作完成后却能以近乎零成本的形式无限传播。总的来说，我们发现，内容的丰富性和多样性，以及发行渠道的掌控力，不仅共同造就了媒体公司的竞争优势，也为它们提供了一层"防护盾"，即使它们旗下某个媒体产品老旧过时、被市场淘汰，它们也不会因此而伤筋动骨。然而，相较于其他行业，技术的颠覆性革新对媒体行业的冲击也更为严重。只有具备了超强品牌（如迪士尼）或超大范围发行渠道的公司（如康卡斯特），才有可能成功地生存下来，并保障护城河安然无恙。

与电信公司一样，监管政策的变动同样会给医疗保健公司带来挑战。医疗保险报销规定的变动，可以一夜之间使小公司的财务状况岌岌可危，但具备多样化产品的大公司则能够有效化解危机。表9-1的数据显示，医疗保健行业中拥有护城河的公司比例明显较低，但请不要被数据的表象误导，因为医疗行业存在大量小型生物技术公司和单一产品公司，它们在一定程度上歪曲了统计数据。一般来说，销售医疗保健产品（如药品或医疗器械）的公司拥有护城河的概率要大于提供医疗保健服务的健康维护组织（HMO）和医院等机构。当然，在创造护城河方面，一款需要多年研发和通过美国食品和药物管理局重重审批才能上市的药品，与服务型产品的差异并不显著。尽管药品和医疗器械巨头通常都拥有稳固的竞争优势，但一些小规模的医疗公司也不容小觑。它们通过占据特定利基市场，也能构筑起非常稳固的护城河，比如治疗睡眠呼吸暂停的呼吸机品牌伟康和瑞思迈，以及血液检测领域的基因探针（Gen-Probe）等。

餐馆和零售商等直接面向消费者的企业，通常很难形成竞争优势，因此，在所有的市场领域，消费服务型公司拥有宽广护城河的比例最低，它们的问题在于超低的转换成本。作为消费者，我们从一家商店或咖啡馆走到另一家商店或咖啡馆非常容易，而这些店铺成功的经营理念又很容易被复制。热门时装店或餐饮连锁店的快速增长以及飞速扩张（每个月就有几家新店在不同地点热热闹闹地开张）总会令人错误地认为，它们已经具备了护城河。然而需要警惕的是，山寨的概念总是层出不穷，因此也无法长久存在。但在消费者服务领域，护城河的确存在，比如 Bed Bath & Beyond（美国大型连锁家居用品店）、百思买、塔吉特百货和星巴克，这些公司之所以拥有护城河，往往是因为它们多年来始终从服务细节出发，为客户提供优质的消费体验，最终提升了客户的忠诚度并吸引了无数回头客。这的确是一条可复制的成功路径，但复制的过程并不容易。

至于为企业提供服务的公司，它们的处境则与餐饮和零售行业的企业形成了鲜明对比。在晨星公司分析的所有企业中，这类公司拥有宽阔护城河的比例是最高的。主要原因是，这些公司往往能够将自身的产品或服务深度融合到客户的业务流程中，从而形成极其高昂的转换成本，进而为它们带来了定价权和十分可观的资本回报率。DST Systems 和费哲金融服务公司等数据处理企业就属此类，此外还有艾美仕市场研究公司、邓白氏企业征信服务公司和艾可菲等拥有独家数据库的公司。该市场领域还有很多垄断了利基市场的公司，如消毒循环（医疗垃圾处理）、穆迪投资者服务集团（债券评级）、辉盛研究系统（金融数据搜集与分析）和布莱克波特科技（为非营利组织提供筹款服务的软件）。虽然企业服务型公司同我们的日常生活没有太多交集，但考虑到这些公司拥有护城河的比例超高，它们绝对值得你花时间好好研究一番。

金融服务业是另一个值得寻找护城河公司的宝藏行业。一些金融领域的准入门槛相当高，试想有几个人能创建一家大型投资银行并同高盛这样的银行业巨无霸一较高下呢？正如第 4 章所述，银行领域的转换成本极高，所以即便是一家平平无奇的普通银行也能轻松地躺着赚钱。黏性资产儿乎可以让所有资产管理公司享受到非常持久的高资本回报，而芝加哥商品交易所和纽约商品交易所等金融交易所，更是利用网络效应赚得盆满钵满。在保险行业，由于保险服务的性质与消费品类似，即转换成本很低，所以除了美国前进保险公司和美国国际集团（AIG）这两个异类，保险行业的其他公司都很难形成护城河。

此外，许多小规模的专业贷款机构和房地产投资信托公司也很难形成持久的竞争优势。与专门向企业提供服务的公司一样，金融领域的公司同样值得我们认真研究。首先，金融企业的财务报表与大多数公司的财务报表都不一样，但潜在的高回报将让所有的付出都"物超所值"。因为在这个市场领域，拥有护城河的公司无处不在。

在消费品领域，我们能找到很多被巴菲特称为"不可战胜"的公司，比如可口可乐、高露洁、箭牌和宝洁，它们建立了经久不衰的品牌，拥有永不过时的产品。与金融服务业一样，这个行业拥有最高比例的具有广阔护城河的公司。其背后的逻辑很简单：绿箭口香糖和高露洁牙膏等知名品牌的塑造绝非一朝一夕之功，因为持续的广告营销和不间断的推陈出新都需要雄厚的资金作为支撑。消费品行业的确是寻找护城河企业的另一处宝藏之地，但也需要小心那些品牌价值昙花一现的公司，如肯尼施科尔和曾经的汤米·希尔费格，还有那些容易受到自有品牌冲击的公司，如卡夫芝士和德尔蒙特等食品公司，以及行业格局可能会被低价劳动力永久改变的公司，如伊莎艾伦和世楷等家具公司。除了这些早已名声在外且"不可战胜"的品牌公司，其他主导特定利基市场的小品牌企业同样不容忽视，如味好美（调味品生产商）、莫霍克（地毯生产商）、蒂芙尼珠宝或希悦尔（包装生产商）等。

在"成本高于一切"的行业里，大多数公司都很难形成经济护城河，这就是我们很难在工业材料行业中发现护城河企业的一个重要原因。无论是矿石开采、化学品生产、炼钢还是汽车零部件制造，避免产品同质化是相当困难的，这就意味着客户在乎的只是价格。不管你能否接受，在所有商品生产行业中，真正拥有可持续成本优势的企业屈指可数。

在金属制造领域，只有龙头老大才有形成护城河的资本，如矿业巨头必和必拓和力拓矿业。

但也不必因此把所有工业领域的公司一股脑拒之门外——尽管很多投资者的确这么做了。只要愿意在该行业潜心寻觅，投资者总能发现一些真正的宝石。尤为值得注意的是，很多工业股的投资者在投资时好坏不分，只会在经济形势走高时一股脑买进、走低时一揽子抛出。不可否认，很多工业股的确容易受到经济大环境的影响，但将珠玉（有护城河的公司）与泥沙（无护城河的公司）一同倒掉，反而给我们这些正在寻觅有竞争优势企业的投资者创造了捡漏的好机会。毕竟，在利基市场称王称霸的固瑞克（工业泵）和纳尔科（水处理）、具备强大成本优势的钢铁动力公司（钢铁）和火神材料（建筑石料），还有受益于超高转换成本的美国精密铸件公司（先进金属锻件）

等都属于这一领域。只要你能慧眼识珠，工业领域这片"沧海"中，也有无数的护城河"遗珠"。

从表面上看，能源股似乎与金属商品股并无不同，但其中拥有护城河的企业的比例远比你想象的更高，原因有两个。首先，天然气难以长途输送的劣势反而成了天然气专业生产公司的优势。铜或煤炭也是自然资源，利用船只便可以被轻松地运往世界各地。运输天然气最经济的方式只有管道输送，但管道不能跨海越洋。如此一来，北美的天然气生产商就能依托更低的成本来构筑护城河，因为它们不会受到来自中东地区的超廉价天然气的威胁。因此，通过开发钻探成本足够低且开采周期足够长的气田，北美的天然气生产商便可以打造出牢固的护城河。其次，与天然气不同的是，石油的交易是全球性的，而且形成了一个名为石油输出国组织（OPEC）的垄断联盟，它在保持油价高位方面做得相当出色。居高不下的原油价格让许多（但非全部）石油生产企业获得了极高的资本回报。此外，随着油田开采难度日益增加，只有极少数资本雄厚的石油巨头才能负担开采所需的巨额投入，这也使得石油开采成了少数人的游戏。

在能源行业的一个小规模细分领域中，我们还出乎意料地发现了许多护城河企业，那就是管道运输领域。这些公司拥有庞大的管道网络，从事着天然气、汽油、原油和其他能源类产品的运输业务。它们不仅成功上市，而且业绩都相当亮眼。一般来说，管道建设需要获得政府的批准，而通过层层审批本就不易。此外，许多管道运输企业都具备我们在第7章中讨论的利基市场优势，即当两点之间的运输需求不足以支撑多家管道公司盈利时，单家管道运输服务提供商便能享有地方性垄断权，可以收取规定范围内的最高费用。更妙的是，相较于其他公共事业领域，管道运输行业的监管政策相对宽松，这就意味着企业可以收取的费率只高不低。唯一的麻烦之处在于，管道运输企业通常采用业主有限合伙人制，可能会给投资者造成额外的税收负担，而且通常不适合个人退休账户（IRA）或401（k）等延税账户。即便如此，管道运输行业诱人的回报率和遍地护城河的优势也值得投资者多花上一两个小时处理烦琐的报税流程。

最后谈谈公共事业领域，这个领域的经济护城河略显怪异。公共事业公司在某些地理区域的天然垄断地位让它们看似具备了宽阔的护城河，但是监管机构早已看到这一点，并将公共事业公司的资本回报率人为地限制在一个相对较低的水平（对消费者来说是福音，对投资者而言就是噩耗了）。所以，一家公共事业公司能够拥有的最佳资产，就是好说话的监管机构和宽松的监管政策。但这种优势的地区差异很大，比如，美国东北部和西海岸的监管最严苛，东南部则较为宽松。整体而言，该行业中拥有护城河的企业并不多，但如果你能以合理的价位买进资产运营成本较低、行业监管相对宽松的公司股票，依然可以收获不错的回报。

## 如何评估公司的盈利能力

看到此处，相信你已经明白，护城河的作用就是帮助企业在更长的一段时间内保持高利润，进而增加企业的价值。那么，衡量企业盈利能力的最佳方式是什么？很简单，对比公司创造的利润与业务的投入资本就足够了。这是区分卓越企业和平庸企业最关键的数据，因为任何企业的使命都是对项目、产品或服务进行投资，并从中赚到更多的钱。因此，相对于投入的资金，产出的资金越多，企业就越优秀。

了解一家公司 1 美元的投资能产出多少经济利润，就能知道这家公司的资本利用率是高还是低。资本利用率越高的公司当然越优秀，也更值得投资，因为它能以更快的周转速度为股东创造财富。

我们不妨这样理解，企业运营就好比共同基金经理在管理投资者的钱，基金经理将投资者的资金投入股票或债券以创造回报。相较于只能创造8%回报率的基金经理，实现12%回报率的基金经理显然可以让股东的财富更快地增值。企业也是如此，它们用股东的钱投资于自身的业务以创造财富。通过衡量资本回报率，我们就能知道一家公司将投资转化为利润的能力。

那么，企业的资本回报率要如何衡量呢？最常见的三个指标是资产回报率（ROA）、股本回报率（ROE）和投资资本回报率（ROIC），三者都能反映公司的盈利能力，但计算方式略有不同。

资产回报率衡量的是公司1美元投资所能创造的收益。如果所有公司都可以被量化为一定数额的资产，那么资产回报率就是最实用的衡量工具。这是一个很常见的指标，在晨星或其他网站上都可以查询到任何一家公司的资产回报率。笼统地说，只要一家非金融公司的资产回报率能够始终维持在7%左右，那就意味着它在某种程度上拥有了超越同行的竞争优势。

然而，很多公司至少有一部分资本是通过债务融资获得的，这就意味着我们需要将资本回报率中的杠杆因素纳入考虑范围。股本回报率也是衡量资本回报率的一个重要指标，它衡量的是企业对股东资金的利用率。它的一个缺陷是，在盈利能力没有提升的情况下，公司可以通过大量举债提高股本回报率。因此，投资者在利用这个指标评估企业时，要同时考虑企业的负债规模。与资产回报率一样，你可以在任何一个财经网站上找到大多数公司的股本回报率数据。同样，一个笼统的判断方法是将 15% 作为一个分水岭——能够持续创造 15% 或更高股本回报率的公司，拥有经济护城河的概率就更大。

最后是投资资本回报率，它综合了前面两个指标的优点，衡量的是投资于企业的全部资本的回报率，不管是资产还是负债。因此，它既考虑了负债（与资产回报率不同），又避免了某些公司借助高负债来营造高盈利的假象（与股本回报率不同），还采用了一个不同的利润定义，消除了企业融资决策（负债或股权）的影响，为我们提供了一个尽可能接近企业真实经营情况的数据。投资资本回报率的计算方法很多，公式也很复杂，因此不太可能查到一个现成的数据。总而言之，对投资资本回报率的解读同前面两个指标类似——越高就代表越好！

## 哪里有钱就去哪儿

经济护城河能提升企业价值，因为它能让企业在更长的时间内保持较高的盈利能力。因此，我们通常使用资本回报率来衡量企业的盈利能力，因为资本利用率高的公司能以更快的速度为股东创造财富。这听起来很有道理,但护城河不仅仅是我们寻找更强大、更有价值的公司的工具,它还应该成为我们在挑选企业股票过程中的一个核心标准。

但请记住,你不需要对所有行业的股市情况了如指掌,而跟风投资热门股票、不考虑行业本身是否赚钱也不是股票投资的良策。银行劫匪威利·萨顿说过这样一句名言:"我抢劫银行,是因为那里有钱。"身为精明的投资者,你应该牢记这句话的逻辑,即一些行业天然就比其他行业更赚钱,它们就是寻找护城河企业的宝地,也是你应该长期投入资金的地方。

## 股票投资箴言

1. 某些行业注定比其他行业更容易创造竞争优势,命运的确没有公平可言。
2. 护城河是绝对的,而不是相对的。一边是在一个效益好的行业中排名第四的企业,另一边则是一家在竞争异常激烈的行业中排名第一的企业,但说不定前者的护城河要比后者的更宽阔。

第 9 章 寻找护城河

# 第 10 章

# 不要迷信天才掌舵人

企业管理没有你想象的那么重要

就经济护城河而言,管理的重要性其实没有你想象的那么大。

对于把商业杂志封面或电视访谈里出现的首席执行官视若神明的人来说,这个说法似乎是难以接受的,但事实就是如此。企业的长期竞争优势往往源自其业务的结构性特征(如第3章到第7章内容所述),管理者能够施加的影响微乎其微。当然,的确存在企业领导人救公司于水火的伟大壮举——星巴克就是代表,公司管理层的决策成功地帮助它围绕咖啡连锁店筑起了一条护城河,但这不过是难得一遇的例外,而非行业内的常规现象。(有谁还记得20世纪90年代美国掀起的百吉饼连锁店狂潮?)

这个观点似乎与著名商业作家吉姆·柯林斯的看法背道而

驰，他写道："事实证明，卓越在很大程度上是一个有意识的选择。"但他说出这句话的动机似乎只是为了附和众多商业专家的观点。

我对此无法认同，就像我不能通过喝巴菲特同款的樱桃味可乐、吃同款的时思糖果就把自己变成第二个巴菲特一样，"有意识的选择"不可能将一家正处在生死危机中的汽车零部件公司变成高利润的数据处理公司。在企业是否拥有经济护城河这个问题上，相较于任何管理层的决策，行业整体竞争态势产生的影响要大得多。这并不是因为大多数管理者能力不足，而是因为某些行业的竞争力不如其他行业。一个残酷的现实是，某些行业的首席执行官就是能用更轻松的方式给公司创造更高的资本回报率。

正如第9章所述，在某些行业内构筑护城河的确比其他行业更轻松。随便挑一家基金管理公司、银行或数据处理公司，然后随机选择一家汽车零部件公司、商品零售公司或技术型硬件公司，我敢打赌，前者的长期资本回报率大概率高于后者。

"遵循一些简单易行的最佳管理实践，公司就能从优秀变成卓越"，不管商学院或管理大师们如何鼓吹和推销上述理论，事实就是事实。不可否认，高明的管理的确能够让一家公司更上一层楼，而我肯定也愿意投资一家由睿智的资本配置者担任掌门人的公司,而不是一家由一群傻瓜把持的公司。愚蠢的管理者肯定会拖累优秀的企业。然而,管理决策对公司长期竞争优势的影响大于企业自身结构性特征的现象确实极为罕见。①

回顾第 9 章提到的骏利资本的案例,这家公司的管理层把公司搞得一团糟,但几年后,公司的盈利能力还是回到了较高水平。再看看布洛克税务公司,尽管它往欧德折扣经纪公司这个无底洞投入了大量资金,但其出色的报税业务依然带来了丰厚的资本回报。麦当劳也是如此,尽管其产品口味一度与消费者的喜好严重脱节,客户服务质量也跌到了令人无法接受的水平,但其坚挺的品牌优势依然帮助它很快摆脱困境,甚至实现了扭亏为盈。这三家公司的故事都说明,从长远来看,在拉胯的管理决策的衬托下,更高层次的结构性竞争优势才是企业更重要的制胜法宝。

现在回想一下,当福特前首席执行官雅克·纳赛尔、盖普服饰前首席执行官保罗·普雷斯勒或保险金融公司 Conseco 前首席执行官加里·韦特等超级企业领袖在努力扭转各自公司的

---

① 你或许会想,初创企业的情况肯定不同,毕竟在一家规模较小、成立时间较短的公司里,管理者可以施加更大的影响力,然而芝加哥大学教授史蒂文·卡普兰的一项研究表明,情况并非如此。在他发表的论文(《投资者应该押注赛马还是骑师:从早期商业规划到上市企业的发展实证研究》,芝加哥大学商学院证券价格研究中心工作论文 603,2007 年 8 月)中,卡普兰及合著者得出如下结论:"归根结底,初创企业的投资者应该更注重该公司业务是否强大,而非管理者是否卓越。"

颓势时，到底发生了什么？三位伟大的首席执行官都失败了，Conseco甚至宣告破产，但这并不是因为他们不够努力或缺乏足够的管理智慧。面对一家存在结构性缺陷且成本远高于竞争对手的汽车公司，一家品牌早已过气的时尚零售公司，以及一家账面上有太多不良贷款的贷款公司，管理者能做的实在不多。再厉害的工程师也造不出10层沙堡，毕竟原材料不够结实。

深谙投资之道的巴菲特曾精辟地总结了管理者面临的困境，他说："当一个以力挽狂澜著称的管理者接手一家以经营糟糕著称的企业时，最终，管理者的声名将同企业一起变坏。"

我个人最喜欢的例子是捷蓝航空公司的创始人大卫·尼尔曼，这位几乎从无败绩的领导者依然在航空业残酷的竞争中败下阵来。在创立捷蓝航空之前，尼尔曼有着无可挑剔的职业履历，他创办过一家业绩亮眼到让几乎从不收购公司的西南航空也动心的航空公司。在等待与西南航空签署的竞业限制协议到期的同时，他还出手协助别人在加拿大创办了一家低成本航空公司。创立捷蓝航空时，尼尔曼使用了全新的飞机，并给所有飞机都配备了座椅内置式卫星电视和真皮座椅。因为新飞机的运行成本低于旧飞机（新飞机维修率低且使用率高），捷蓝航空在成立之初就取得了绝佳的财务业绩：营运利润率高达17%，股本回报率更是稳定维持在20%的高位。

遗憾的是，时光催人老，飞机也难以幸免。随着飞机的老化和员工工龄的增加，捷蓝航空的成本只会不断上涨。此外，真皮座椅等硬件设施的创新很容易被复制，事实上，西南航空很快就照搬了类似的做法。凭借破产后强劲的资产负债表，网络航空公司（Network airlines）也开始在部分航线上与捷蓝航空打起价格战，致使捷蓝航空的营业利润率急剧下降。截至本书撰写时，捷蓝航空的股价比 5 年前上市时的价格下降了近 30%。尽管尼尔曼的经营决策偶有失误，但捷蓝航空业绩的下滑本质上与他无关，整个航空业极度内卷的经济状况才是捷蓝航空陷入困境的罪魁祸首。

## 明星首席执行官情结

既然如此，投资者为何如此在意一家公司的掌舵人是谁呢？有一明一暗两个原因。

摆在明面上的理由是：商业媒体需要吸引观众，而首席执行官们自然是最合适的宣传噱头。谁不想读一读《财富》500 强公司首席执行官创造利润神话的故事，或是听他们讲一讲公司成功实现国际扩张的秘诀呢？高管们自然热衷于提升自己和公司的知名度，商业记者们也乐于发布热门企业的专题报道，这对双方来说算得上双赢。但投资者却被坑得不轻，因为这些信息都具有误导性，这让他们错误地认为企业的命运取决于其管理者，就好比五星主厨能完全操控整个厨房的出菜品质一般。不幸的是，即便美国传奇大厨查理·特劳特，如果被邀请到地方上的小苍蝇馆掌勺，他恐怕也要受制于有限的食材，无法发挥真正的厨艺水平。同理，在竞争残酷的行业中，即使是天赋异禀的首席执行官也难以逆天改命。

掌舵人作为企业命运的决定者而备受关注的隐性原因是：所有人都存在偏见，人们喜欢讲述不真实的故事、寻找不存在的模式，这是隐藏在人类骨子里的天性。我们总喜欢为自己观察到的所有结果寻找缘由，因为这会让我们感觉良好，而将企业的成败归于某个"无能的领导者"，总是比指责企业自身"缺乏竞争优势"更令人信服。然而残酷的事实是，对首席执行官来说，摧毁原本就坚不可摧的竞争优势的难度，丝毫不亚于在本没有竞争优势的行业里为企业凭空创造所谓的竞争优势。

正因如此，投资者才总是对这些未被市场竞争淘汰的幸运儿记忆深刻，即在经营环境艰难的行业里，一个才华横溢的首席执行官横空出世，凭借自身的远见卓识成功地开凿了稳固的护城河，而后成为业内的一段传奇。不可否认，星巴克、戴尔、纽柯、美国家居零售巨头 3B 公司和百思买等，都是在极其残酷的行业中茁壮成长、为股东创造大量财富的成功典范。但是，如果我们只看得见这些公司成功的一面，就会认为它们的经验是行业常规而非稀缺的特例，就会把"可能性"与"概率"混为一谈。这是一种十分糟糕的倾向，因为成功投资重要的就是将赌注押在对你有利的一方。

事实上，一家拥有护城河但掌舵人平庸的公司令投资者失望的概率要远低于一家没有护城河、但掌舵人可以媲美通用电气前董事长兼首席执行官杰克·韦尔奇的公司。如果你精通竞争分析之道，你就会明白，拥有护城河的公司，不论其管理层水平如何（聪慧异常或超乎想象地平庸），它保持强劲竞争优势的概率都非常大。无论如何，护城河都可以为你兜底。相较之下，没有护城河的公司若想取得成功，就需要克服更多的困难险阻。要想在一个竞争激烈的行业中胜出，其管理层必须如你预期般优秀（甚至要远超预期）；而如果首席执行官水平不够，公司业绩就一定会走下坡路。

让我们换个思路，你觉得改变什么更容易？是公司所处的行业大环境，还是它的掌舵人？答案显而易见。高管来来去去早已是平常事，但公司所在行业面临的困境却绝非一朝一夕可以被改变。既然我们已经知道，某些行业的整体经济状况明显优于其他行业，那么以下结论就是显而易见：与才能卓越的首席执行官相比，企业所处的行业对其保持高水平的资本回报率更有影响力。

不可否认，管理者的能力非常重要，但其影响力同样受制于企业自身的结构性竞争优势。没有哪个首席执行官能在"空中楼阁"中一展身手，卓越的管理者确实能提升企业价值，但卓越的企业管理本身并不是一种可持续的竞争优势。

---

### 股票投资箴言

1. 押注于赛马而非骑师。管理固然重要，但护城河更重要。
2. 投资的成败取决于概率，和一个由明星首席执行官管理但没有护城河的企业相比，一家管理者平庸但拥有护城河的公司更有可能为你的投资带来持续的成功。

---

第 11 章

# 实践出真知

五个竞争性分析实例

在本科和研究生阶段，我并不擅长理论学习。如果没有实际案例支撑，宏大而抽象的概念对我来说就是耳边风。读研时，我学习了很多政治科学内容，阅读了包括马克斯·韦伯、卡尔·马克思和埃米尔·涂尔干在内的伟大思想家的著作，但我真的说不上是喜欢（当然，约瑟夫·熊彼特关于"创造性破坏"的论述除外）。相比较而言，我更乐意阅读那些引用大量实证且能从无到有地梳理出某个统一主题或理论的著作。我此前从未将这些理论学习与本职工作联系起来，然而现在回想起来，它们为我成为一个自下而上的基本面证券分析师奠定了良好的基础。

在本章中，我想通过 5 家公司的发展历程，对本书前面章节论述的经济护城河的知识逐一进行分析，看看它们是否确实是真知灼见。毕竟,诸位同样有可能要将本书倡导的理念付诸实践。你可能在财经杂志上读到关于一家公司的报道,或从基金经理和同事口中听到过它的名字,抑或你自己觉得有趣并顺势做了一番调研。考虑到这些可能性,我在为本章内容物色分析对象时,尽可能地保证客观现实,我从最近几期的《财富》和《巴伦周刊》等主流投资出版物中选出了最被看好的 5 家公司。

图 11-1 显示的是一个三步骤流程,这是我用来判断企业是否拥有护城河的方法。步骤 1 是"看看它有多少钱",即公司是否在过去创造了可观的资本回报。进行步骤 1 的分析时,你要在尽可能长的周期内分析其资本回报率,因为一两年的糟糕表现并不意味着它没有护城河。(可以在晨星官网 Morningstar.com 上免费查询各家企业 10 年内的财务数据。)

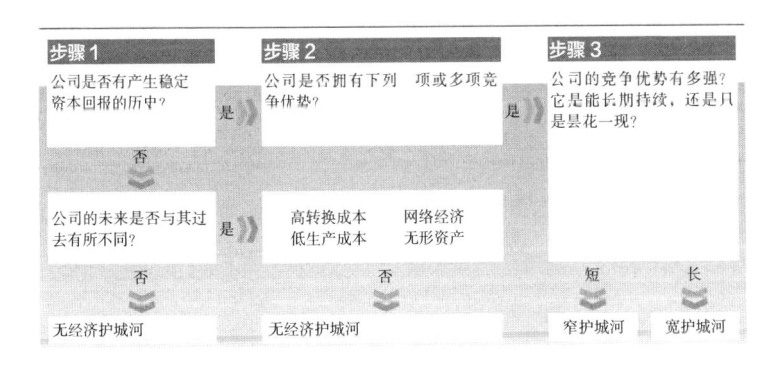

| 步骤 1 | 步骤 2 | 步骤 3 |
|---|---|---|
| 公司是否有产生稳定资本回报的历史? | 公司是否拥有下列一项或多项竞争优势? | 公司的竞争优势有多强?它是能长期持续,还是只是昙花一现? |
| 是 ↓ 否 ↓ | 是 ↓ 否 ↓ | 是 ↓ |
| 公司的未来是否与其过去有所不同? | 高转换成本 网络经济<br>低生产成本 无形资产 | 短 ↓ 长 ↓ |
| 否 ↓ | 否 ↓ | |
| 无经济护城河 | 无经济护城河 | 窄护城河 宽护城河 |

图 11-1 识别护城河的三步骤流程

如果公司不能提供可观的资本回报，而且未来不太可能产生实质性变化，它就没有护城河。归根结底，一家企业的竞争优势应在其业绩数据上有所反映，而一家无法证明自己有能力赚取超额经济回报的公司显然不值得寄予厚望。当然，资本回报率低的公司确实有可能在未来咸鱼翻身，但这种乐观展望需要基于以下前提：这家企业的基本经济状况有明显好转。这种"起死回生"的情况确实存在，如果你能找到这样一家实现了结构性变革的公司，绝对可以大赚一笔。但你也要明白，这样的优质企业更多是例外，而不是常规现象。

因此，企业缺乏可靠的资本回报基本上就等于没有护城河。然而，如果一家公司展示了不错的资本回报率，我们判断的过程就会更复杂。这时我们来到步骤2，即确定竞争优势，找出公司能够长期压制竞争对手并获得超额经济回报的原因。如果企业拿不出具体的证据来证明自己能长期维持超额回报，那么它仍然有可能是没有护城河的。投资者投资时不考虑企业的超高回报率能否持续，无异于司机开车时死盯后视镜而不看前路，这样迟早是要出事的。想想零售商和餐饮连锁店——消费者的转换成本极低，这就意味着这两个行业的企业必须做到规模化、打造知名品牌，或具备其他防御性优势，才有可能构筑起护城河。如果企业没有任何竞争优势，那么再高的资本回报率也会很快消失。无数风靡一时的零售和餐饮企业在风光几年后便彻底销声匿迹，这样的故事不胜枚举。

在步骤2中，我们需要从各方面对企业进行竞争优势分析：公司是否拥有知名品牌？公司是否拥有多项专利？其客户转投竞争对手怀抱的成本是否高昂？公司是否能始终维持低成本？公司是否能从网络经济中受益？公司是否会受到颠覆性技术或行业变革的影响？

我们如果通过步骤2发掘出了企业的一些竞争优势，接下来就要通过步骤3弄清楚这些优势会持续多久。有些公司的确构筑起了护城河，但因为护城河过于细窄，对手轻易就能跨过；有些企业的护城河则足够宽广，投资者可以满怀信心地预测其高水平的资本回报率还能持续很多年。不可否认，这的确是一种相对主观的判断，所以我不主张对其进行过于细致的判别。在晨星，我们将所有公司分为三类：宽护城河公司、窄护城河公司和无护城河公司。接下来的案例分析也将基于这个分类。

现在，让我们将上述分析过程付诸实践吧。

## 寻找护城河：五个真实案例分析

第一个案例是生产同名农业设备的美国迪尔公司，它在建筑机械领域也占有相当规模的市场份额。如表11-1所示，尽管在1999年到2002年间迪尔公司的资本回报有过下滑，但在过去10年里该公司获得了相当稳健的资本回报率。农业本身就属于周期性明显的行业，所以迪尔公司的业绩有起伏也很正常。如果它销售的是奶酪或啤酒等一年四季需求都很稳定的产品，或许我们会因为担忧其资本回报率的稳定性而深入探查一番。所以，从这些财务数据来看，迪尔公司应该拥有护城河。

表11-1　迪尔公司

| 年份 | 净利率（%） | 资产回报率（%） | 财务杠杆 | 股本回报率（%） |
| --- | --- | --- | --- | --- |
| 1997年 | 7.5 | 6.2 | 3.9 | 24.9 |
| 1998年 | 7.4 | 6.0 | 4.4 | 24.8 |
| 1999年 | 2.0 | 1.3 | 4.3 | 5.9 |
| 2000年 | 3.7 | 2.6 | 4.8 | 11.6 |
| 2001年 | −0.5 | −0.3 | 5.7 | −1.5 |
| 2002年 | 2.3 | 1.4 | 7.5 | 8.9 |
| 2003年 | 4.1 | 2.6 | 6.6 | 18.0 |
| 2004年 | 7.0 | 5.1 | 4.5 | 27.1 |
| 2005年 | 6.6 | 4.6 | 4.9 | 21.9 |
| 2006年 | 7.7 | 5.0 | 4.6 | 23.6 |
| 最近12个月 | 7.3 | 4.5 | 4.7 | 20.8 |
| 平均值 | — | 3.5 | — | 16.9 |

接下来我们要进行竞争分析，即迪尔公司到底凭借什么保持了如此稳健的高资本回报率，它能否长期持续？知名品牌当然是一项制胜法宝。身为一家拥有170年历史的老牌企业，农民对迪尔的产品有着超高的忠诚度。然而，其竞争对手凯斯工程机械和纽荷兰公司同样拥有大批忠实用户。所以，迪尔必然还有别的制胜秘诀。

最后我们发现，令竞争对手望尘莫及的庞大经销商网络才是迪尔的撒手锏。它的经销商遍布北美各地，可以迅速为迪尔设备提供备件和整机维修服务，这最大限度地减少了设备在农作物播种和收割季等关键时期的故障停机时间。迪尔的用户对时效性有着极高的要求，虽然一台联合收割机价值30万美元，但农民只会在一年内集中使用几个星期。所以，在这短短的几个星期里，迪尔必须保持其设备稳定运作，不能有丝毫闪失。因此，这种迅速修复故障和快速提供备件的能力至关重要。然而，迪尔的竞争对手完全能够复制这种经销商网络，且一旦迪尔的产品和服务质量出现显著下滑，农民用户就可能转而使用其竞争对手的产品。由此可见，迪尔公司的护城河称不上宽阔。只是竞争对手可能需要数年的经营才能建立起同等规模的经销商网络，而且能不能做到还是个未知数。所以我们认为，迪尔拥有一条不够宽阔但相对牢固的护城河。与此同时，我们也可以相信，迪尔公司将在未来的一段时间里继续保持高水平的资本回报率。

分析完来自美国腹地的迪尔公司，接下来我们把目光投向位于度假胜地汉普顿的玛莎·斯图尔特生活全媒体公司，该公司不仅把控着玛莎·斯图尔特这一品牌的授权，还发行一系列杂志和制作电视节目。鉴于玛莎如日中天的品牌知名度，即便它目前短期陷入增长停滞，我们也认为它有望取得可观的利润。让我们看看表 11-2 的数据。

表 11-2 玛莎·斯图尔特生活全媒体公司

| 年份 | 净利率（%） | 资产回报率（%） | 财务杠杆 | 股本回报率（%） |
| --- | --- | --- | --- | --- |
| 1999 年 | 11.0 | 9.1 | 1.4 | 12.8 |
| 2000 年 | 7.5 | 7.4 | 1.5 | 10.8 |
| 2001 年 | 7.4 | 7.2 | 1.4 | 10.5 |
| 2002 年 | 2.5 | 2.3 | 1.4 | 3.2 |
| 2003 年 | -1.1 | -0.9 | 1.3 | -1.2 |
| 2004 年 | -31.8 | -20.8 | 1.4 | -28.1 |
| 2005 年 | -36.2 | -29.2 | 1.6 | -43.5 |
| 2006 年 | -5.9 | -7.1 | 1.7 | -11.7 |
| 最近 12 个月 | -9.3 | -12.6 | 1.8 | -22.6 |
| 平均值 | — | -5.0 | — | -7.8 |

表中的数据貌似不够惊艳？乍看之下，这些数据甚至有

点儿令人担忧，毕竟在"家居女王"玛莎·斯图尔特违法经营丑闻被曝光之前，这家公司的股本回报率也没有突破过13%。这一数值虽然不算太差，但对一家不需要太多资金就能运营起来的公司而言，我们完全有理由有更多的期待。毕竟，玛莎·斯图尔特的主营业务就是主办杂志和制作电视节目，同时向其他公司出售版权，它不需要斥巨资建造大量工厂或囤积货物。因此，尽管玛莎·斯图尔特品牌在违规事件后重拾了热度，但我依然得出这样的结论：这是一家没有经济护城河的公司。对跟风的投资者而言，这可不是什么好消息。

让我们暂且抛开这家没有太多资本投入的公司，去看看一家坐拥大量资本的企业——美国第二大煤炭生产商阿奇煤炭公司。通常情况下，大宗商品类公司很难挖掘出经济护城河，因此在刚开始分析这家公司时，我也持怀疑态度。根据其财务数据，阿奇煤炭的资本回报率尽管还不够惊艳，但已经上升到了相当不错的水平。相关数据显示，阿奇煤炭的经济状况从2004年便开始改善，在2006年和2007年都取得了不错的业绩（详见表11-3）。

表 11-3　阿奇煤炭公司

| 年份 | 净利率（%） | 资产回报率（%） | 财务杠杆 | 股本回报率（%） |
| --- | --- | --- | --- | --- |
| 1997年 | 2.8 | 1.8 | 2.7 | 5.0 |
| 1998年 | 2.0 | 1.3 | 4.7 | 4.9 |
| 1999年 | -22.1 | -13.2 | 9.7 | -80.6 |
| 2000年 | -0.9 | -0.6 | 10.2 | -5.5 |
| 2001年 | 0.5 | 0.3 | 3.9 | 1.8 |
| 2002年 | -0.2 | -0.1 | 4.1 | -0.5 |
| 2003年 | 1.2 | 0.7 | 3.5 | 2.7 |
| 2004年 | 6.0 | 4.0 | 3.0 | 12.9 |
| 2005年 | 1.5 | 1.2 | 2.6 | 3.4 |
| 2006年 | 10.4 | 8.2 | 2.4 | 20.5 |
| 最近12个月 | 7.3 | 5.0 | 2.4 | 12.0 |

让我们进一步分析，看看阿奇煤炭在过去的业绩上涨是不是反常现象，其资本回报率是否有可能在将来回落到欠佳的水平，又或者它是否能通过结构性变革保住持续走高的发展态势。首先，该公司似乎在2005年出售了一批位于阿巴拉契亚山脉中部的亏损煤矿，这有利于推高其未来的资本回报率。其次，怀俄明州粉河盆地的煤炭供应基本上被四家公司垄断，阿奇煤炭就是其中之一。该地区出产的煤炭因含硫量极低而备受公用事业部门的青睐，因为硫化物是煤炭燃烧时排放的主要污染物之一。

所有这些都是令人备受鼓舞的优势,但同粉河盆地的其他煤炭生产公司竞争,阿奇煤炭必须始终保持低于这些公司的生产成本才能构筑起护城河。(事实上,其成本并未低于同处粉河盆地的竞争对手。)然而,粉河盆地的煤炭生产成本要远低于美国其他地区的煤矿。尽管这里远离煤炭需求量居高不下的人口密集地区,但即便考虑到较为昂贵的运输成本,此处的产煤成本也具有优势。在大宗商品行业里,只要你的生产成本能够持续低于生产同类产品的竞争对手,你就能够构筑起一条宽阔的护城河。

然而,为什么这种成本优势没有在阿奇煤炭的历史资本回报率数据上有所体现?原因在于,该公司多年前曾以超低价签署了一些长期合同。这些合同最近才陆续到期,取而代之的新签合同价格要高得多,这意味着阿奇煤炭未来的资本回报率一定会有实质性上升。因此,我们可以暂时得出结论:阿奇煤炭拥有一条较窄的经济护城河,但我们需要密切关注这条护城河。如果粉河盆地的产煤成本大幅提高,或政府通过立法征收碳排放税以降低煤炭能源消耗,我们就需要重新评估其经济护城河。但目前掌握的信息表明,阿奇煤炭确实构建了一条(非常)狭窄的护城河。

我们选中的第四家公司,其知名度或许比不上前面三家,

第11章 实践出真知

但我们可以从它身上学到关于经济护城河的很多知识。快扣公司的主营业务是为全美各地的制造商和承包商提供各种维护、维修和操作工具。它的经营模式就是通过 2 000 家门店组成的经销网络销售加固件，以专业化、速度快著称——就像它的公司名一样。这项业务听起来没什么吸引力，但该公司的业绩却受到投资者的关注（见表 11-4）。

表 11-4　快扣公司

| 年份 | 净利率（%） | 资产回报率（%） | 财务杠杆 | 股本回报率（%） |
| --- | --- | --- | --- | --- |
| 1997 年 | 10.3 | 22.9 | 1.2 | 28.0 |
| 1998 年 | 10.5 | 23.2 | 1.2 | 27.6 |
| 1999 年 | 10.8 | 23.0 | 1.1 | 26.2 |
| 2000 年 | 10.8 | 22.4 | 1.1 | 25.2 |
| 2001 年 | 8.6 | 16.0 | 1.1 | 17.9 |
| 2002 年 | 8.3 | 14.6 | 1.1 | 16.3 |
| 2003 年 | 8.5 | 13.9 | 1.1 | 15.6 |
| 2004 年 | 10.6 | 18.4 | 1.1 | 20.8 |
| 2005 年 | 11.0 | 20.1 | 1.1 | 22.7 |
| 2006 年 | 11.0 | 20.6 | 1.1 | 23.3 |
| 最近 12 个月 | 11.1 | 19.0 | 1.2 | 21.7 |
| 平均值 | — | 19.5 | — | 22.3 |

不管你对这个行业的观感如何，快扣公司的财务数字绝对会令你兴趣倍增。该公司的平均股本回报率曾连续 10 年维持

在20%以上，财务杠杆系数也维持在最低水平，这的确是非比寻常的成就。事实上，在晨星数据库收录的市值超过5亿美元的3 000只股票中，只有50只能获得类似的超高资本回报率。当然，关键的问题是，快扣公司之所以能保持如此高的资本回报率，是因为纯粹的好运，还是因为坚不可摧的竞争优势呢？

通过深入分析，我们发现，它与第7章讨论的水泥厂和石料公司一样，也受益于区位优势和规模经济。快扣公司的主营产品，如螺丝、锚具和螺栓等加固件的重量很大，运费高昂，但产品自身成本较低，这就意味着快扣公司在目标客户周围开设的众多经销门店给它带来了巨大的成本优势。离客户近还意味着快扣的送货速度快于竞争对手，这又是一个巨大的竞争优势。当遭遇设备故障时，制造商对加固件的需求通常十万火急，因为停工的代价过于高昂。

体量与快扣最接近的竞争对手，其门店数量也不及快扣的一半。因此，快扣似乎可以轻松地保持住规模优势。此外，在快扣基本上实现了独家垄断的数百处利基市场中，较小的市场规模无法提供竞争对手想要的利润。快扣公司还组建了一支自营卡车队，专门为自家经销门店和客户的作业场所配送产品，相较于使用联合包裹等第三方运输公司，此举大大

第11章　实践出真知

降低了运输成本。因此，想要与快扣公司一较高下的竞争对手，不仅需要建立起同等规模的经销网络，还需要在基本被快扣垄断的利基市场中砸钱开设一大批不赚钱的经销点。快扣在这门生意上已立于不败之地，所以我认为，它拥有一条宽阔的护城河，这条护城河能在未来多年里为它持续带来超高的资本回报率。

通过最后一个案例我想告诉大家，除了要关注企业在创造稳健资本回报方面的历史记录，还要考虑业务本身的竞争态势。无论你在2004年前后看到下面两家公司中的哪一家，都可能对其资本回报率垂涎三尺。尽管B公司的历史业绩不如A公司稳定，但仍保持了良好的发展势头（详见表11-5和表11-6）。

表11-5 公司A

| 年份 | 净利率（%） | 资产回报率（%） | 财务杠杆 | 股本回报率（%） |
| --- | --- | --- | --- | --- |
| 1998年 | 7.3 | 12.8 | 1.7 | 21.8 |
| 1999年 | 7.1 | 12.3 | 1.6 | 20.2 |
| 2000年 | 6.1 | 11.3 | 1.5 | 17.7 |
| 2001年 | 6.7 | 12.9 | 1.4 | 17.8 |
| 2002年 | 6.5 | 12.5 | 1.5 | 17.9 |
| 2003年 | 7.4 | 14.1 | 1.5 | 21.1 |
| 2004年 | 6.3 | 11.7 | 1.5 | 21.1 |
| 平均值 | — | 12.5 | — | 19.2 |

表11-6 公司B

| 年份 | 净利率（%） | 资产回报率（%） | 财务杠杆 | 股本回报率（%） |
|---|---|---|---|---|
| 1998年 | 6.4 | 9.5 | 1.2 | 10.8 |
| 1999年 | 5.8 | 10.8 | 1.2 | 12.8 |
| 2000年 | 8.0 | 18.3 | 1.3 | 23.3 |
| 2001年 | 9.0 | 22.4 | 1.2 | 27.9 |
| 2002年 | 8.5 | 20.3 | 1.2 | 24.4 |
| 2003年 | 7.8 | 18.9 | 1.3 | 23.4 |
| 2004年 | 8.4 | 19.8 | 1.3 | 25.0 |
| 平均值 | — | 17.1 | — | 21.1 |

A公司就是知名家居装饰零售商1号码头家居公司，B公司则是热门话题公司。两家零售商在20世纪90年代末和21世纪初都取得了长足的发展。它们在过去都表现出强势增长，热门话题公司实现了前所未有的超40%的增幅，而1号码头家居公司则保持了15%左右的增速，两者的资本回报率也十分可观。让我们先分析一下它们所在行业的属性。1号码头家居主要销售进口家具和家居饰品，而热门话题公司则是一家青少年服饰零售商，所售商品通常涉及音乐和流行文化元素，极具独特性。只要能管理好库存，紧跟消费潮流，它们的业务都能发展得很不错。然而，我们不能据此武断地认定它们可以在很长一段时间内保持高水平的资本回报率，因为它们的消费者的转换成本几乎为零。

第11章 实践出真知

事实证明，我们的怀疑完全是合理的（详见表11-7和表11-8）。

表11-7　1号码头家居公司

| 年份 | 净利率（%） | 资产回报率（%） | 财务杠杆 | 股本回报率（%） |
|---|---|---|---|---|
| 2005年 | 3.2 | 5.6 | 1.6 | 9.1 |
| 2006年 | -2.2 | -3.6 | 2.0 | -6.4 |
| 2007年 | -14.0 | -21.8 | 2.5 | -47.9 |
| 最近12个月 | -16.3 | -26.3 | 2.8 | -60.5 |

表11-8　热门话题公司

| 年份 | 净利率（%） | 资产回报率（%） | 财务杠杆 | 股本回报率（%） |
|---|---|---|---|---|
| 2005年 | 6.0 | 14.2 | 1.5 | 19.3 |
| 2006年 | 3.1 | 7.8 | 1.5 | 11.5 |
| 2007年 | 1.8 | 4.4 | 1.4 | 6.5 |
| 最近12个月 | 1.8 | 4.0 | 1.5 | 6.5 |

在之后的几年里，两家公司的资本回报率和股价都出现了断崖式下跌。（从2005年初到2007年中，热门话题公司的股价近乎腰斩，而1号码头家居公司的跌幅甚至高达75%。）两家公司陨落的轨迹也很相似：市场潮流的转向导致消费者不再购买它们的产品（1号码头家居更惨一些，它还遭遇了日趋白热化的竞争）。零售业本就是一个赚钱不易的行业——"好日子"就如市场潮流一般，来得快去得也快。

尽管我在这里选择了零售商作为案例，但同类例子在小规模科技企业中也有很多，或者说，任何一家缺乏结构性竞争优势的公司都可能会经历同样的命运。不管一家企业的历史业绩多么令人惊艳，只要它缺乏某种形式的经济护城河，对它未来能创造的股东价值做预测都是有风险的。在筛选值得投资的企业时，亮眼的业绩数据是投资者分析的起点，但也仅仅是起点。仔细分析企业的竞争优势是否强大，以及这种优势能否长期持续，才是至关重要的下一步。

至此，你已经掌握了将卓越的企业与前途未卜的企业区分开来的多种工具。但是，我们如何判断这些企业的股价是否合理？答案将在之后的两章中揭晓。

## 股票投资箴言

1. 要确定一家公司是否拥有护城河，你需要查看其资本回报率的历史记录。因为超高的资本回报率可能意味着经济护城河的存在，而糟糕的资本回报率意味着竞争优势的缺失——除非公司业务发生实质性变化。

2. 如果公司有着较高的历史资本回报率，接下来你就要分析其高资本回报率的可持续性，即运用第 3 章到第 7 章提供的竞争分析工具，确定它是否拥有经济护城河。如果没有证据表明它在未来能长期保持可观的资本回报率，那么它很可能没有护城河。
3. 如果你能确定公司拥有护城河，接下来就需要判断护城河的牢固性和耐久性。有些护城河能持续几十年，而有些则不那么持久。

## 第12章

# 经济护城河到底价值几何?

再好的公司,花太多钱买进也有损投资组合

如果投资仅仅是寻找一个拥有经济护城河的优质企业，那么人人都能在股市里赚到钱，而本书也应该止步于第 11 章。但现实是，以什么价位买进股票，对你未来的投资收益至关重要。这也是为何我在前言中投资方法的第二步里说"耐心等待，在股价低于其内在价值时买进"。

股票估值非常有意思。我见过很多精明的投资者，谈到自己已经持有或计划买进的公司时，他们能滔滔不绝说上半天，却不能回答这个简单的问题："所以，这家公司的股票到底值多少钱？"有些人在买车时愿意花上几个小时讨价还价，为了每加仑几美分的优惠而跑到几公里外的加油站加油，但也就是这些人，在购买股票时对其背后企业的内在价值浑然不知。

我认为，造成这种情况的原因很简单。因为股票估值并非易事，充满了不确定性，即使是股票专家也会看走眼，所以大多数人选择直接摆烂，根本懒得费心研究。毕竟，你可以轻松地确定哪家加油站的油价更便宜，哪个汽车经销商的报价更优惠，因为你很清楚同类产品售价几何。比如全新的雷克萨斯同款车型，一家经销商报价 4 万美元，而其他经销商报价 4.2 万美元，那么你基本可以确定，以 4 万美元拿下这辆新车绝对不亏。然而在给企业估值时，我们会遭遇以下两个难题。

首先，每家企业都是独一无二的，公司与公司之间多少都有些差异，因此很难横向比较不同的公司。增值率、资本回报率、竞争优势强弱及许多其他因素都会影响企业的价值，这使我们不太可能去比较两家公司的价值（但在特定情况下，这种价值对比是可行的，请看本章下文的进一步阐释）。

其次，公司的价值与其未来的业绩表现直接挂钩，尽管我们能基于已知信息做出最合理的预测，但企业的未来财务状况仍是未知数。基于这些理由，大多数人都会倾向于关注易于获得的股票信息（比如股价），而非那些难以获取的信息（比如股票代表的企业价值）。

好像听起来都是坏消息？别急，好消息是，在购买一只股票前，你不需要知道它代表的企业的确切价值。你只需要确定该企业当前的股价低于其正常价值即可。这听起来可能有点儿令人费解,让我用一个例子简单说明。

在 2007 年的夏天,我突然发现企业高管委员会的股价较上年暴跌了近一半,而我关注这家公司的股票已经很久了。在此前的几年里,它的销售额和利润一直持续着每年超过 30% 的增幅。由于种种原因,它在这一年遭遇了发展瓶颈:销售增长大幅放缓,收益增长率也下跌到 10% 左右。经过一番调研,我确信这家公司在市场上仍有很大的发展空间,而且其优势竞争地位依然十分稳固。那么它是能重回年增长率 30% 的巅峰,还是只能做到略有改观、实现 15% 的年增长率?我当时无法确定其未来的走向,在这两种情况下,它的股票估值是截然不同的。

为什么我最终还是决定买进这只股票呢?尽管我当时无法确定企业高管委员会的股票价值几何,但我知道这个股价意味着市场对其年增长率的预期为 10%。那么,接下来我只需要确定其增长率永远不超过 10% 的可能性有多大就行了。基于我的调研,我认为这种情况发生的可能性微乎其微,所以我果断买进。只要它的年增长率恢复到 15%,我的投资就能获得不错的回报,而如果它能恢复到 20% 以上,我就捡大漏了。只有当它的增长率跌到 10% 以下我才会亏损,但我认为发生这种情况的概率非常低。最终我认为，这笔投资的风险在我的承受范围内。

在这个案例中，我通过分析股价反推了企业有可能实现的增长预期。逆向分析意味着我不需要知道未来的具体结果，我只需要知道企业未来的增长是否高于当前股价反映的数据即可。以企业高管委员会为例，我认为其股价可能会在85美元到130美元之间，而且可以确信的是，它绝对不会低于每股65美元（我的猜测正确与否，可以让时间去验证）。

对公司股价的简单估算是决定你能否抄底（以低于股票内在价值的价格买进）股票的关键因素，因为抄底买进的前提是对股价有所了解。（这听起来似乎很简单，但从未尝试对购买的股票进行估值的投资者多得可能令你大跌眼镜。）

## 企业估值到底是什么？

这个问题其实很简单，答案也很简单：一只股票的价值就是公司未来能创造的全部现金的现值。

让我们对这个概念进行更深一层的理解：企业通过资本投资并产生投资回报的方式来创造价值。公司创造的所有现金，一部分用于支付经营费用，一部分用于再投资，剩下的部分就是所谓的"自由现金流",也就是通常所说的"所有者收益"。它体现了企业真正的盈余,即公司所有者在不影响企业正常经营的前提下每年可以取出的资金。

我们不妨将自由现金流比作房东每年年底清算收支后剩余的资金。坐拥一栋公寓楼的房东可以通过收取租金获得收入(相当于销售收入),然后用这笔钱支付按揭贷款和当年的维护费用(相当于运营支出),有时还需要支付屋顶或窗户翻新等大修的费用(相当于资本性支出)。扣除所有支出后的余额就是房东的自由现金流,他可以将其存入银行、用来去佛罗里达州度假或再买一栋公寓楼。但不管房东怎么花,它都不是这栋公寓楼作为现金创造工具维持正常运作所需的资金。

继续按照这个思路分析,让我们思考一下,假设一栋楼的所有房间都用于出租,那么有什么因素会令有购楼意向的人调高或调低其估值呢?扩建肯定能推高楼房价值。如果这栋大楼旁边还有一块空地可供房东建造更多公寓楼,其价值就会高于无地可建的情况,因为扩建意味着未来可以收到更多租金。此外,租金收入的风险也需要考虑。一栋住满了工薪族的公寓楼,肯定比住满了大学生的公寓楼更值钱,因为前者的房东每月顺利收到租金的可能性更高。

你也许还能想到,更高的资本回报率也能让一栋楼更值钱。如果你觉得有可能通过调高某栋公寓楼的租金，并在不增加投资的情况下获得更多收入，那么其价值肯定要高于租金固定不变的公寓楼。最后，不要忘了竞争优势。如果在一栋新公寓楼建成后，当地规划机构立即禁止在附近区域新建公寓楼，那么它的价值肯定高于周围存在众多潜在竞争对手的楼房。

看完这个简单易懂的案例，你就掌握了企业估值的一些最重要的概念：预估的未来现金流变成现实的可能性（风险）、现金流可能的规模（增长率）、维持企业正常运转所需的投资额（资本回报率）以及企业创造超额利润的持续时间（经济护城河）。在你使用价格乘数或其他估值工具时，请牢记上述四个因素，它们肯定能帮你做出更好的投资决策。

## 要投资而不是投机

企业价值估算有三大工具：价格乘数、收益和内在价值，它们都是投资工具包中极具价值的部分，而精明的投资者在买入一只股票前，一定会运用不止一种工具进行分析。关于价格乘数和收益工具，我们将在下一章详细讨论。（内在价值较为复杂，通常需要借助现金流折现法，但这已经超出本书的论述范围①。)

让我们先花点儿时间简单了解一下驱动股票收益变动的因素，这能帮助我们更好地理解价格乘数和收益这两项评估工具。从长期来看，推动股票涨跌的因素无非两个：一是由盈利增长和股利驱动的投资收益，二是由市盈率（价格收益比）决定的投机收益。

我认为，投资收益反映了公司的财务状况，而投机收益反映了其他投资者的预期（乐观或悲观）。一只股票的价格从每股10美元上涨到15美元，原因可能是每股收益从1美元上涨到了1.5美元，或在每股收益保持1美元不变的情况下，市盈率从10美元提高到了15美元。两种上涨方式的驱动因素分别是投资收益和投机收益。

当你把投资重点放在拥有经济护城河的公司身上时，你就能最大限度地提高潜在的投资收益，因为你寻找的公司更有可能实现长期的价值创造和收益增长。

密切关注股票估值能让你最大限度地降低投机收益负回报的风险，即其他投资者的态度变化对你的投资造成不利影响的风险。毕竟，没人能知道一只股票在未来5年或10年的投机

---

① 如果你有兴趣了解计算内在价值的方法，建议你购买我写的另一本关于投资的书，名为《股市真规则》，该书更深入地介绍了股票的核算和估值方法。

收益是多少，但我们可以对投资收益做出有理有据的预测。对股价进行谨慎评估可以帮助你抵御市场情绪消极变化带来的影响。

让我们看一个真实的案例。截至2007年年中，微软公司在过去10年里实现了16%的每股年均收益增长。换句话说，微软公司这10年的平均投资收益率为16%，但是微软股价同期年增长率只有7%，这就意味着其投机收益一定是负数，进而拖累了其高达16%的投资收益率。事实的确如此，微软股票10年前的市盈率是50倍，现在仅为20倍。

我们不妨将Photoshop、Acrobat和其他图像处理软件产品生产商奥多比公司与微软做个对比。在同一个10年周期里，奥多比每股收益（即投资回报率）的年均增长率约为13%，其股价的同期增长率约为24%，是投资收益率的2倍，原因是奥多比股票的市盈率从10年前的17倍增长到现在的约45倍，进而为它带来了巨大的投机收益。

如前所示，尽管两家公司处在同一个行业，同期（过去10年周期里）的投资收益率基本接近，但市场情绪的变化（或投机收益的变化）给买入两家公司股票的投资者带来了截然不同的结果。买入微软股票的投资者获得的收益大致与市场一致，而买入奥多比的投资者却让自己的初始投资翻了几番。

当然，奥多比纯属极端案例。毕竟，怀抱着市场会带来丰厚投机收益的期望购入股票，是一种相当愚蠢的投资行为。然而，在 10 年前以 17 倍市盈率买进股票（比较而言，富豪雪糕同期的市盈率为 50 倍），确实让奥多比的投资者最大限度地降低了投机收益为负的风险，而购买了微软股票的投资者恰恰因此而损失惨重。事实就是，凭运气买入奥多比股票的投资者受益于市盈率的大幅增长，这是可遇而不可求的事情。

这就是估值如此重要的原因。在未来的投资收益方面，合理的估值将让可预见因素（企业的财务状况）的影响最大化，不可预见因素（其他投资者的悲观或乐观情绪）的影响最小化。话说回来，谁不喜欢以低价买进物超所值的股票呢？

### 股票投资箴言

1. 一家公司的价值等于它未来能够产生的所有现金，就这么简单。
2. 影响企业估值的四大要素：企业未来能创造多少现金（增长率）？预估的未来现金流变成现实的可能性有多

大（风险）？维持企业经营所需的投资额（资本回报率）是多少？企业保持竞争优势、压制对手（经济护城河）的时间有多长？

3. 买进估值低于内在价值的股票，能够帮助我们抵御市场波动的影响，让未来的投资收益与企业的财务状况更紧密地联系在一起。

第 13 章

# 估值工具

如何找到廉价的绩优股

我希望前文的内容已经成功地说服你，估值至关重要，它将确保你殚精竭虑完成的竞品分析能够为你带来丰厚的投资组合回报。我们的第一个估值工具是价格乘数。它是最常用的估值工具，但也最容易被误用。

最基础的乘数是市销率（P/S），即股票现价与每股销售额之比。用市销率估值的好处是，所有公司都有销售收入，在公司业务暂时陷入低迷时，销售收入依然存在。因此，在对业务存在周期性变化或因遭遇困境而导致暂时亏损的公司进行估值时，市销率就是最佳工具。但它同样存在误导性，因为不同公司的盈利能力不同，1美元销售额代表的价值可大可小。举个例子，相较于软件或制药等高利润企业，零售商等低利润企业的市销率通常很低。为此，不要用市销率比较来自不同行业的公司。否则，你很可能会得出错误的结论，以为利润率最低的公司的股票超级划算，而利润率高的公司的股票溢价过高。

在我看来，对那些利润率陷入暂时性低迷或利润率还有很大提升空间的公司进行估值时，市销率是最高效的工具。使用时请牢记，高利润率意味着每一美元的销售收入能带来更多收益，即较高的市销率。因此，如果你发现一家公司的利润率较低，而且市销率与同类低利润公司一致，并相信它可以大幅削减成本并显著提升盈利能力，那么你或许找到了一只价格美丽的潜力股。

事实上，市销率的另一大妙用是找出那些暂时陷入经营困境的高利润公司。这类公司过去的利润率很高，但当前的市销率很低，鉴于其他投资者认为其盈利能力的下降是不可逆的，其股价可能会短期跳水。如果其盈利能力有望回归历史高位，那么它当前处于低位的股价可能相当值得入手。这也是市销率比市盈率更好用的一个原因：盈利潜力不足的股票市盈率会很高（因为其盈利很低），因此，以低市盈率为标准很容易错过这类不受市场青睐的宝藏股。

## 如何利用账面价值

第二个常见的乘数工具是市净率（P/B），等于每股股价与每股账面价值（即股东的股本）之比。账面价值代表了股东投资公司的全部有形资产，包括厂房、计算机、不动产、存货等等。在某些情况下，使用账面价值进行估值的依据在于，公司未来的收益和现金流都是短暂的，而其实际拥有的资产则具备更有形、更确定的价值。

使用市净率进行估值的关键是要仔细考虑"B"（账面价值）代表的是什么。不管是 A 公司还是 B 公司，哪怕两家公司每一美元的收益或现金流完全一样，但构成其账面价值的项目却可能截然不同。对铁路或制造类公司等资产密集型企业来说，账面价值代表的是创造收入的大部分资产，如机车、工厂和存货等。但对服务类或技术型公司来说，创造收入的资产是人、创意和流程，而这些通常都不体现在账面价值中。

此外，经济护城河带来的许多竞争优势通常也没有被计入账面价值。以哈雷戴维森公司为例，截至本文撰写时，该公司的市净率约为 5，这意味着该公司目前的市值约为其工厂、土地和拟生产摩托车零部件库存的粗略净值的 5 倍。这一倍数看起来相当高，但相较于其品牌价值可能就相形见绌了。品牌价值给哈雷带来了 25% 的营业利润率和 40% 的股本回报率，却未被计入其账面价值。

关于账面价值，还有一个值得注意的"陷阱"：在企业并购行为中，"商誉"这种会计惯例通常会推高被收购公司的资产账面价值。商誉是购入方的投资成本超过被收购公司有形账面价值的差额。可以想象，对那些不具备大量有形资产的公司而言，商誉可能是一个极为夸张的数字。（美国在线收购时代华纳时，合并后公司的账面价值有 1 300 亿美元来自商誉。）商誉的问题在于，它通常只代表"买方"想抢先一步收购目标公司的愿望，所以其价值中或多或少包含了一定水分。因此在估值时，最好将商誉从账面价值中剔除，尤其是在看到一家企业的市净率高到离谱时——这通常是因为数额巨大的商誉资产推高了其账面价值。

既然存在这么多隐患，为何还要在估值中使用账面价值呢？因为它尤为适用于金融服务领域——这是股票市场的一大领域，有着众多具备稳健竞争优势的企业。金融公司的资产通常具有很强的流动性（例如银行资产负债表上的贷款），因此非常容易被准确估值，这意味着金融服务公司的账面价值通常十分接近其实际有形价值。唯一需要注意的是，如果一家金融公司的市净率异常低，则说明其账面价值多少存在隐患——可能是因为该公司有一些需要冲销的不良贷款。

## 无处不在的乘数

你现在肯定已经猜到了，每种价格乘数都各有优劣，而所有乘数的根本——市盈率也不例外。市盈率能最好地代表创造价值的现金流，而且收益预估值和实际值的信息来源有很多，所以它在股票估值方面尤为有用。然而它的问题在于：收益本身可能掺杂了许多干扰因素，而且单独参考市盈率没有太大意义。比如，14 倍的市盈率是好还是坏？在对公司一无所知，或缺乏比较基准的情况下，我们根本无从判断。

当然，市盈率最令人头疼的地方在于，虽然股票价格（P）只有一个，但每股收益（E）可能会有很多个。我曾见过企业在计算市盈率时，使用最近一个财年、当前财年、当前入账年、过去 4 个季度或下一个财年的预估盈利。那么，其中哪一种计算才是正确的？

这确实是个难以回答的问题，所以一定要谨慎看待关于每股收益的预测数据。这些预测值通常是所有关注该公司的华尔街证券分析师的共识估计。多项研究表明，在持续下跌的公司的股票触底反弹前，共识估计通常都过于悲观；而在一家蒸蒸日上的公司的股价放缓上涨前，共识估计又过于乐观。在每股实际收益比预期低 25% 的情况下，原本看似合理的 15 倍市盈率，即使变成了20倍，也依然令人失望。

我的建议是，先看看这家公司过去在顺境和逆境中的表现，再想想它未来的收益会比过去好很多还是差很多，最后给出自己对该公司年均收益的估算。这也是利用市盈率估算股价的最佳方法，原因有两点：（1）这是你自己得出的估值，因此你知道它可能会受到哪些因素的影响；（2）它是以这家公司在常规年份的收益为基础得出的数据，不是企业在最好或最坏情况下产生的非正常盈利数据。

确定E代表的每股盈利数据后，你就可以使用市盈率进行估值了。一种最常见的方法是将其与其他数值进行对比，包括竞争对手的市盈率、行业平均水平的市盈率、整个市场或同一公司在不同时间点的市盈率。这种比较有很多好处，但也不可盲目滥用，别忘了上文讨论的影响估值的四大要素：风险、增长、资本回报率和竞争优势。

当一只股票的市盈率低于同行业其他股票时，这意味着它既有可能是股价位于低位、值得投资的宝藏股，也有可能是垃圾股，即该企业的资本回报率很低，缺乏明显的增长前景或竞争优势薄弱，因此只配获得低于同行的市盈率。同理，在将单只股票的市盈率与整个股市的平均市盈率比较时，也需要注意这些制约因素。

在股市的平均市盈率为 18 倍的时候（2007 年中旬的美国股市水平），一只市盈率为 20 倍的股票看起来有点儿溢价过高，但如果这家公司是雅芳呢？在宽广的经济护城河、高达 40% 的资本回报率，以及新兴市场的强劲增长前景等因素的加持下，你还会觉得它贵吗？或许它真的值这个价。

在将同一家公司当前的市盈率与其过去的市盈率进行对比时，你也要注意这些问题。投资者在声称一只股票的价格被"低估"时，通常会辩称："它目前的市盈率是 10 年来最低的！"（我自己偶尔也会这样说。）在所有其他条件保持不变的情况下，如果一只股票的历史市盈率为 30 倍或 40 倍，但它当前的市盈率却是 20 倍，买进它就是一笔超级划算的交易。然而，只要它的增长前景、资本回报率和竞争地位中的任何一个条件发生了变化，你的投资就可能会打水漂。毕竟，过去的辉煌并不能保证未来的成就。

## 没那么受欢迎，但很有用

最后，一起看看我个人最喜欢的价格乘数——市现率（PCF），它用经营活动产生的现金流而非收益作为分母。无须纠结错综复杂的计算细节，现金流可以更准确地反映企业的盈利潜力，因为它简单明了地展示了流进和流出一家企业的现金流。相较之下，受制于各种会计计算方式的收益则没有这么简单直白。例如，出版商的现金流通常高于其收益，因为读者往往在拿到杂志前就预付了全年的订阅费。相较之下，赊销型企业，如销售等离子电视机的商店，其收益就会高于现金流。因为在客户买走电视机的那一刻，该商店账面上就会多出一笔收益，即使客户的按月分期付款并未实际到账。

你可能已经猜到，能够让客户在享受产品或服务前就掏钱的业务的确是门好生意。这类企业（基本以订购业务为主）的现金流通常都要高于收益。因此，如果用市盈率来评估其股票，其股价就会偏贵，而利用市现率估价就会显得合理很多。（此外，这类企业的资本回报率通常都很高。）以我在前一章提到的企业高管委员会为例，它每年披露的现金流都要比收益高出约50%。

使用市现率的另一个好处是，现金流往往比收益更稳定。例如，它不会受到企业重组或资产减值等非现金支出的影响。此外，现金流还在某种程度上考虑到资本使用效率，因为不需要通过资本运营就能实现增长的公司，其现金流往往会高于收益。然而，市现率也存在短板，因为现金流没有考虑折旧因素，所以资产密集型企业的现金流往往高于其收益，而投资者可能会因此高估其盈利能力，毕竟这些折旧资产迟早要被更换。

这就是四种最常见的乘数工具，也是我们估值工具箱中的第一组工具。第二组有效估值工具则以收益率为基础。收益率指标的优点在于，它可以直接对标客观基准——债券收益率。

## 充分相信收益率

对调市盈率的分子和分母，即用每股收益除以每股价格，就得到了收益率。举个例子，如果一只股票的市盈率为 20 倍（20/1），那么它的收益率就是 5%（1/20）。同理，市盈率为 15 倍（15/1）的股票，其收益率则为 6.7%（1/15）。2007 年中，美国 10 年期国债的收益率为 4.5%，所以相较之下，上述两只股票的盈利能力相当有吸引力。然而，股票的收益是没有保障的，不像国债那样可以做到稳赚不赔，毕竟国债有美国政府背书。但是，承担额外的风险也意味着可能收获额外的回报，企业的收益可能会随着时间的推移而增长，债券的收益则是固定不变的。这也很正常，人生本就充满了各种取舍。

我们可以利用一个简单的小指标来提升收益率，那就是现金回报率。简单地说，它就是在你买下一家公司、还清所有债务并保持自由现金流而获得的年度现金收益率。再回到上一章提到的公寓楼，房东在支付维护和保养费用后，完全拥有一栋公寓楼所能获得的全部现金流占购买价格的百分比就是现金回报率。它展示的是一家公司创造的现金流相较于这家公司收购成本（含负债）的占比。

上述指标进一步完善了基于收益率的估值方法，因为它既考虑了自由现金流（企业所有者的收益），又将负债纳入企业的资本结构。在计算现金回报率时，自由现金流（即企业经营创造的现金流减去资本性支出）加上净利息支出（即利息支出减去利息收入）就得到了分子，而分母则是所谓的"企业价值"，即公司市值（股本）加上长期债务再减去资产负债表上的全部现金。自由现金流加上净利息之和，再除以企业价值，就等于现金回报率。

以美国柯惠医疗为例。作为一家大型医疗保健公司，它曾隶属于泰科国际，之后被拆分成了独立企业。2007年，柯惠医疗披露的自由现金流约为20亿美元，支付的利息约为3亿美元。因此，20亿加3亿等于23亿美元，这就是计算其现金回报率的分子。当时柯惠医疗的市值为200亿美元，长期负债约为46亿美元，两者相加后减去资产负债表上的7亿美元现金，其企业价值便是239亿美元。

用23亿美元除以239亿美元，我们就得到了柯惠医疗的现金回报率，约为9.6%。考虑到柯惠医疗涉足大批前景十分看好的医疗保健市场，其现金流应该会随着时间的推移而继续增加。因此这样的现金回报率是非常诱人的。

现在，你已经掌握了很多有效的估值工具（价格乘数和收益率），也知道了每种估值工具在什么情况下最适用。那么，如何将它们融合到一起来判断一只股票的价格是否低于其内在价值呢？

最简单的答案就是你要"非常谨慎"。而详细的答案就是，你需要长期实践和大量试错，才有可能成功地找到价值被低估的宝藏股。不过，我觉得下面五个技巧能帮你提高胜算。

**1. 时刻牢记影响股票估值的四个要素：风险、资本回报、竞争优势和增长率。**在其他条件相同的情况下，风险较高的股票不值得高价买进。而资本回报率高、竞争优势强和增长前景好的公司，即使高位买进也不怕。

请记住，这些驱动因素是相辅相成、相互作用的。一家具有长期增长潜力、低资本投资、竞争压力小且风险合理的公司，其内在价值一定高于其他增长前景相似但资本回报率低且竞争优势不明显的公司。盲目随大溜以市盈率/盈利增长（PEG）为投资标准的投资者，通常会忽略这个关键点，因为他们忘了，基于高资本回报率的增长要比基于低资本回报率的增长更有价值。

**2. 综合运用多种估值工具。**如果一个比率或一项指标表明某只股票"物超所值"，那就一定要用另一种工具再次核实。优秀的股票不一定会在每个指标上都表现优异，一旦出现这种千载难逢的情况，那就说明你找到了真正被低估的宝藏股。

**3. 保持耐心。**真正优质的股票只有在极罕见的情况下才可能被低价出售，然而正如沃伦·巴菲特所说："在投资世界里，不存在所谓的意外。"你不妨列一份优质企业股观察清单，再设定一个你愿意买进的理想价格并耐心等待，在良机出现时果断入手。你需要注意的是，不要太过挑剔——静待时机也是有成本的。然而，在股票走势尚不明朗时，务必牢记：不赚钱总比赔钱好。

**4. 挺住，别慌。**全世界都在告诉你不要投资的时候，就是你应该买进的时候。在媒体大肆吹捧、华尔街一致看好的时候，优质股票不可能以低价交易，只有在坏消息不断、投资者纷纷跑路的时候，它们才会被折价抛售。要做到在所有人都抛售时果断买进当然不是易事，但这里面蕴藏着无限机会。

5. **坚持自己的判断，不要盲从**。你要相信，根据自己千辛万苦搜集的信息做出投资决定，比盲目听从所谓专家的"英明建议"更可靠。原因很简单，如果你了解一家公司的经济护城河源自何处，并认为其当前的股价远低于其内在价值，你就能更容易做出逆向投资决策。当然，做到坚持不随大溜并非易事，但这就是成功投资者必备的能力。如果你总是依赖他人的投资秘诀和投资建议，没有自己去做一番研究，那么你免不了心存疑虑。因为不确定这些所谓的"投资秘籍"是否真实可靠，你有可能频繁地高买低卖，最终赔钱收场。

如果你以不划算的价格买进了股票，即使它来自全球最优质的企业，对你而言也只会是一次糟糕的投资。不信你问问在1999年或2000年买入可口可乐或思科股票的人。这两家公司在那时就已经是不折不扣的顶尖企业，而且直到今天依然屹立不倒，但它们彼时的股价已经过高，没给投资者留下任何容错或盈利的空间。投资者买进股票时对其估值不闻不问，就好比消费者买车时不看标价。但高价买车后你还能享受到驾驶的乐趣，而高位买进股票就没有这种附带好处了。请让股票估值成为你投资路上的垫脚石，而非障碍物。

## 股票投资箴言

1. 市销率最适合用来评估暂时亏损或利润率低于企业潜能的公司。如果一家市销率非常低的公司实际上具备提升利润率的空间，它可能就是你要寻找的"物美价廉"之选。
2. 市净率最适合对金融服务公司进行估值分析，因为这些公司的账面价值能更准确地反映其有形资产的价值。但要警惕一点，过低的市净率意味着企业的账面价值或许有问题。
3. 要特别注意市盈率的计算，尤其是收益。你最好选择一种最合适的收益计算方式：看看公司在顺境和逆境时的表现，再想想它未来的表现是会更好还是更差，然后据此预估公司未来的年均收益。

4. 市现率能够帮助你发现现金流远超收益的公司。这个估值工具尤为适合那些能够"先收款再服务"的公司。然而，对于拥有大量硬资产的公司而言，市现率可能会夸大其盈利能力，因为这些资产迟早会折旧并需要花钱更换。
5. 基于收益率的估值非常有用，因为你可以将估值结果直接与债券等其他投资方式进行比较。

# 第 14 章

# 何时出售

理性抛售带来更多收益

早在 1995 年左右，我发现了一家名为易安信（EMC）的小公司，它的主营业务是销售计算机存储设备。在一番研究后，我认为按照市盈率 20 倍的标准，其股价略微偏高，但考虑到市场对数据存储产品的旺盛需求，以及易安信稳固的市场地位，我相信它会以相当快的速度增长。于是，它在我微薄的投资组合中占据了相当大的体量。

接下来的 3 年里，其股价从每股 5 美元一路飙升至 100 美元，但 1 年后又暴跌至每股 5 美元。我在这只股票涨到相当高的价位时抛售了约 1/3，然后眼睁睁地看着剩下的 2/3 跌回原位。我的确做出了英明的买进决策，但如果我能够更聪明一点儿，尽早悉数抛售，这只股票的整体投资收益肯定要比现在漂亮得多。

随便找一个专业的炒股人，问问他股票投资中最难的事情是什么，大多数人会告诉你是如何确定在最高价位（或至少接近最高价位）时抛售。因此，在本章中，我想为诸位提供最佳抛售时机的判断方法，因为在正确的时间、基于正确的原因卖出股票，与在合适的价位买进一只具备大涨潜力的股票同样重要，二者都会对你的投资收益产生极大影响。

## 确保有正当的抛售理由

你下次打算抛售股票时，先问问自己下面这些问题，如果你对一个或多个问题的回答都是"否"，那就不要卖出：

- 我是否犯了错，从一开始就不该买进？
- 公司的业务是否变糟了？
- 我的钱是否还有更好的去处？
- 这些股票在我的投资组合中所占的比重是否过高了？

或许，抛售股票最糟的理由就是你一开始就不该买进。然而，如果你在做企业分析之初就漏掉了一些至关重要的东西，不管这些东西是什么，它都可能导致你最初的投资决策偏离正轨。或许你会错误地认为，该公司的管理层能扭亏为盈或及时止损（比如出售亏损业务），但他们实际上依然执迷不悟，继续往里面砸钱；或许在你看来，该公司拥有坚不可摧的竞争优势，但竞争对手其实已经开始蚕食其市场份额；又或者你高估了一款新产品的成功率……不管你犯了什么错误，只要吸引你买入股票的理由发生了变化，你就没有必要继续持股了。这时候，你需要及时抛售止损，然后继续前进。

多年前，我就因为在买进理由上犯错，而在一家生产商业电影放映机的公司身上狠狠栽过跟头。这家公司原先的市场份额非常可观，以往的业绩也很吸引人，而且当时多屏幕电影院正如雨后春笋般在美国各地涌现。不幸的是，我对该公司的增长前景过于乐观了。随着多厅电影院建设热潮的冷却，影院老板纷纷陷入财务困境。他们更关心的不是如何开更多新影院，而是如何按时还款，尤其是还清贷款利息。在我意识到问题的严重性时，这家公司的股价已经严重跳水，但我还是狠下心亏本清仓了。幸好我及时止损，因为它的股价随后更是一落千丈，沦为了低于每股1美元的低价股。

当然，亏本抛出总是说起来容易做起来难，因为买进时的价格通常就是我们的心理底价，而且没人喜欢亏钱。（事实上，大量心理学研究已经表明，人们在失去金钱时感受到的痛苦几乎是他们在获得同样数量的金钱时感受到的快乐的两倍。）这种趋利避害的心态会导致我们一门心思地盯着无关紧要的信息（比如股票的入手价格，但这对公司未来的前景毫无影响），而没能关注更重要的信息，比如买进股票时我们对公司未来发展的评估是否本就错得离谱。

避免被"抛售底价"束缚的一个小秘诀是：每次在买入一只股票时，写下买入的原因，以及你对该公司未来财务状况的大致预期。这里不要求你给出具体的季度盈利预测，而是一种大致的展望，即你期望公司的销售额是稳步增长还是加速增长，你预计公司的利润率会上升还是下降。如果该公司的业绩变差了，那么拿出这张纸，看看你买入该股票的理由是否依然成立。如果是，那就继续持股，甚至可以加仓；如果不是，清仓或许是你最好的选择。这时候就别考虑自己到底是赚了还是赔了，赶紧抛售吧。

抛售股票的第二个原因是一家公司的基本盘严重恶化，而且看起来重振无望，这时就应该及时脱手。对长期投资者而言，这可能是抛售股票最普遍的原因。即使是最优质的公司，在连续多年顺风顺水之后也可能会碰壁。在买入股票时，你在公司发展前景、估值和竞争优势方面的分析或许百分之百正确，你可能也通过这只股票获得了巨额收益。但正如经济学家凯恩斯所言："当事实发生变化时，我的想法也会随之改变。"

一个近期的例子便是盖蒂图片社，我曾为晨星公司专门报道过它。这是一家很有吸引力的公司，它建立了一个庞大的数字图像数据库，并为广告公司和其他大型图片用户提供数码照片，利用图片的版权转让实现盈利。盖蒂已经成为业内最大的图像市场，摄影师可以把自己拍摄的图片上传到其数据库，而用户也可以在其数据库里找到需要的图片。这让该公司一度成为兼具强劲增长率、超高资本回报率和巨大经营杠杆率的明星企业。

后来发生了什么？对盖蒂来说，可谓成也萧何、败也萧何，让其风光无限的数字技术最终也将它拉下了神坛。随着高品质数码成像技术的普及，人们用廉价相机拍出媲美专业级质量的图片变得越来越容易。于是，以提供图片为主的网站如潮水般涌现，它们销售的图片质量虽然不及盖蒂，但价格却低很多（只需几美元，而盖蒂的图片通常要几百美元），对要求不高的用户来说，此类物美价廉的图片完全够用。此外，线上使用的图片也不需要达到印刷图片那么高的品质。如此一来，盖蒂的经济效益和发展前景急转直下也就不足为奇了。

抛售股票的第三个原因是，你的钱还有更好的去处。作为投资者，你肯定要确保手上有限的资金能获得最大的回报。因此，抛售被适度低估的股票套现，转而投资预期收益令人垂涎的股票，这是件合情合理的事情。当然，在买进和卖出股票时，你要考虑到税收问题，它也可能影响你的投资决策。相较于享受税收优惠的股票账户，在通过应税账户（指投资者在购买股票、债券等资产时需要缴纳资本利得税的账户）买卖股票时，你还需要确保获得的收益足以弥补税费，请你牢记这一点。我不建议投资者在升值空间相差不大的股票间频繁易手，比如卖掉有20%上升空间的股票后买进有30%上升空间的股票，这样做意义不大。然而，在一个绝佳的抄底机会出现时，通过出售现有股票来筹集资金则是必要之举。

举个例子，在2007年夏末的信贷紧缩期间，投资者疯狂抛售股票，当时金融服务类股票彻底崩溃。不可否认，其中一些股票的崩溃理应如此，但不分好歹统统抛售却是华尔街的一贯做法，所以很多金融类股票的价格被压到了相当离谱的地步。这次事件后，我通常会在个人股票账户里保留5%~10%的现金，只要发现物超所值的低价股，我就有足够的备用资金果断入手，因为你永远不知道股市什么时候会再度发疯。但出于种种原因，在2007年股市大跳水的时候，我手头几乎没有可动用的闲置资金。看着自己手上持有的股票与华尔街正在抛售的一些金融股，我比较了一下两者潜在的上升空间，得出如下结论：换手是值得的。于是，我卖掉了一只持有时间不长但上涨潜力不大的股票，转手买进了一家售价明显低于其账面价值的银行股。现在，这家银行已经被人以更高的价格收购了，股价随之水涨船高。由此可见，这是一个非常成功、获利颇丰的决定。

但也请你记住，有时候资金的最好去处就是变现。如果一只股票的价格已经远远超出你的预期，而且你认为它往后只会跌、不会涨，那么即便暂时没有更好的再投资意向，你也应该清仓。毕竟，就算变现带来的收益再微薄，也好过盲目持股造成的亏损。一旦你错过了最佳的抛售价位点，继续持股就只能给你带来负收益了。

出售股票的最后一个也是最充分的理由：如果一只股票已经让你赚得盆满钵满，又占据了你投资组合很大一部分比重，那么降低风险、减缩仓位或许就是明智之举。当然，这个逻辑是否合理也见仁见智。有些人喜欢把所有的鸡蛋都放在一个篮子里（2007年初，我个人投资组合的一半资金都放在两只股票上），但更多的投资者喜欢把鸡蛋放在不同的篮子里，搞分散投资，以确保每只股票的比重不超过整个投资组合总额的5%。所以，怎么选全凭你自己决定。但如果单只股票占到投资组合的 10% 已经令你坐卧难安，那么即使其价值仍有上升空间，你也要遵从自己的直觉，削减持仓量。毕竟，投资组合最令你牵肠挂肚，如果减持能让你夜里睡得更香，那就抛售吧！

在结束本章论述前，我想提醒大家注意一个事实，前文列出的抛售股票的四个理由都与股价的波动无关。它们都强调股票发行公司的价值，以及已然发生或可能发生的重大变化。在企业价值不变的情况下，因为股价波动下跌就卖出，绝对是不理智的做法。同样，因为股价一时上涨就冲动售出也不明智，除非企业的价值没有同步增长。

在调整投资组合时，很多人喜欢依据股票的历史业绩决定何时卖出，但请你牢记，真正有意义的判断依据是你对企业未来表现的预期，而不是其股价的历史表现。我们没有理由相信盛极必衰，即一直大涨的股票价格一定会下跌；或者衰极必盛，即一路下跌的股票有朝一日一定会反弹。如果你手里的股票已经下跌了 20%，企业的经营状况也不见好转，那么你还不如赶紧忍痛卖出，承受这些亏损，这样至少还能给你减点儿税。总而言之，投资成功的秘诀就是始终关注企业未来的表现，而不是股票的历史表现。

## 股票投资箴言

1. 如果你在做企业分析时就已经犯了错,而且最初买进股票的理由已经不再成立,那么抛售股票可能就是最优解。
2. 如果有实力的企业能够永远屹立不倒,那再好不过,但现实往往事与愿违。如果一家公司的基本面越来越糟糕,而且恶化是永久性的,你就应该及时抛售其股票。
3. 最优秀的投资者总是在为资金寻找最佳的去处。卖出一只股价略低于估值的股票,再去换取另一只超级划算的宝藏股,这绝对是明智的投资策略。同理,在有些情况下,即便还没有找到任何物超所值的低价股,将价格已经高出预期的股票抛售变现也不失为一个良策。
4. 当一只股票在你的投资组合中占了很大比重时,选择抛售也是合理的。是去是留,取决于你的风险承受力。

# 结语

# 投资不仅仅是数字游戏

我爱股市。

喧嚣吵闹的就业报告会和美联储会议只会令我心烦,季度财报披露后的讨论会更是令人窒息。对我来说,它们大多都是噪声,与各家企业的长期价值没有多大关系。所以我基本不会关注这些东西,而你同样应该选择无视。

我早起的动力是什么?是兴致勃勃地观察数以千计的企业如何想方设法解决同一个问题:怎样才能赚到比竞争对手更多的钱?企业可以各显神通,通过多种方法去创造竞争优势。作为投资者,要学习如何区别卓越和平庸的企业,而这本身就是一场永无止境、其乐无穷且充满挑战的智力游戏。

当然，如果能耐心等待优质企业的股票价格降到低于其内在价值时购入，你说不定可以从中赚到很多钱。关键是你要认识到，投资组合中的优质企业完全可以帮你赚取大笔投资回报。毕竟，拥有强大竞争优势的公司能够持续为你带来20%以上的资本回报率，而能够长期创造同等水平回报率的基金经理[①]可谓凤毛麟角。如果你有机会成为这些优质企业的股东，还能以八折的价格买进其股票，你就一定能随着时间的推移积累大量财富。

　　股票投资不仅仅是一场数字游戏，但很多人都没有意识到这一点。当然，你确实需要了解一些基本的会计知识，才能从企业的财务报表中读懂尽可能多的信息。但我也认识一些"相当聪明"的会计师，他们并不擅长分析企业或挑选绩优股。了解现金在企业中如何流动，以及这个过程如何反映在财务报表上固然重要，但这还不足以让你慧眼识好股。

　　要成为真正卓越的投资者，你需要博闻强识。大量阅读《华尔街日报》《财富》《巴伦周刊》等主流商业出版物就是一个好的开始，它们将为你提供大量企业信息和数据。你熟悉的公司越多，就越容易做比较，并从中找到规律，进而发掘出能够增强或削弱竞争优势的市场动态。我坚信，相较于花时间了

---

[①] 截至2007年中，在晨星数据库的5 550多家基金中，只有24只非行业基金在过去的15年里实现了超过15%的年均回报率——这并非易事。

解短期市场走势、宏观经济趋势或利率预测，花时间阅读与企业相关的信息能为你的投资过程带来无限的价值。相信我，一份公司年报的价值比得上美联储主席的十次讲话。

当阅读这些出版物成为日常的习惯后，你就可以进一步阅读讲述理财经理成功之道的书籍或是成功投资者的心得之作了。毕竟，成功人士的经验总结拥有无可替代的价值。出于同样的原因，每季度的致股东信也很有价值。更妙的是，它们都是免费的。在我看来，由卓越的基金经理撰写的投资组合季度信，绝对是全世界最被人低估且利用程度最低的投资资源。考虑到这些资料都是免费的，你花在阅读和了解这些信息上的时间绝对值得。

人们如何做出投资决策？决策过程为何充满隐蔽的偏见？关于这两个问题，我们可以在市面上找到许多相关著作。包括加里·贝尔斯基和托马斯·季洛维奇合著的《增值陷阱》、罗森维的《光环效应》和贾森·茨威格的《格雷厄姆的理性投资学》在内的诸多佳作，都能帮助你看清投资决策过程中的诸多陷阱，并帮助你做出更明智的投资决策。

我希望本书中的观点也能帮助你成为更卓越的投资者。

# 致谢

每本书都是团队智慧的结晶，本书也不例外。

能与一群才华横溢的分析师共事，我倍感荣幸。如果没有他们的帮助，我对投资的理解必然不如今日这般深刻。在此感谢晨星股票分析师团队的贡献，在他们的集思广益之下，我才能选定合适的案例来阐明某个特定的观点，进而极大地提升了本书的内容质量。很荣幸能够拥有这样一群眼光犀利、能力卓著的同事，他们让我每天的工作都充满了乐趣。

在此特别感谢晨星的证券分析主管海伍德·凯利，他为本书的编撰提供了十分宝贵的反馈意见，也要感谢他多年前将我招进晨星，成为我的伯乐。我还要感谢晨星股票分析总监希瑟·布里连特，在我埋头撰写本书期间，她第一时间接过了我肩上的管理重担。此外，克里斯·坎托雷将我的想法转化成了直观明了的图表，卡伦·华莱士对文字进行了润色，莫琳·达伦和萨拉·梅辛格确保了整个图书项目的顺利推进，感谢四位的辛劳与贡献。

我还要感谢证券分析部总裁凯瑟琳·奥德尔博对晨星股票研究工作的英明领导，当然还要感谢晨星创始人乔·曼斯威托，因为他建立了一家始终将投资者放在首位的世界顶级公司。诚挚地感谢你，乔。

然而，最应该感谢的莫过于我的妻子凯瑟琳，她的爱和支持是我最宝贵的财富。感谢她和我们可爱的双胞胎本和艾丽丝，感谢你们给我一个温暖的家，让我每天都生活在幸福中。